# 공부 잘하는 아이, 독서 잘하는 아이로 키우려면
## 어휘력 먼저 키워 주어야 합니다!

공부 잘하고 책 잘 읽는 똑똑한 아이들에게는 공통점이 있습니다. 바로 그 아이들이 알고 있는 단어가 많다는 것입니다. 어휘력이 좋아서 책을 잘 읽는 것은 이해가 되는데, 어휘력이 좋아야 공부도 잘한다는 것은 설명이 좀 필요할 것 같습니다. 다음 말을 읽고 곰곰이 한번 생각해 보세요.

"사람은 자신이 아는 단어의 수만큼 생각하고 표현한다."
"하나의 단어를 아는 것은 그 단어를 둘러싸고 있는 세상을 아는 것이다."

이 말에 동의한다면 왜 어휘력이 좋아야 공부를 잘하는지 알 수 있을 것입니다. 공부는 세상을 이해하고 자신을 표현하는 일련의 과정이기 때문에, 어휘력을 키우면 세상을 이해하는 능력과 사고력이 자라서 공부를 잘하는 바탕이 마련됩니다.

예를 들어 볼까요? 두 아이가 있습니다. 한 아이는 '알리다'라는 낱말만 알고, 다른 아이는 '알리다' 외에 '안내하다', '보도하다', '선포하다', '폭로하다'라는 낱말도 알고 있습니다. 첫 번째 아이는 어떤 상황이든 '알리다'라고 뭉뚱그려 생각하고 표현합니다. 하지만 두 번째 아이는 길을 알려 줄 때는 '안내하다'라는 말을, 신문이나 TV에서 알려 줄 때는 '보도하다'라는 말을, 세상에 널리 알릴 때는 '선포하다'라는 말을 씁니다. 또 남이 피해를 입을 줄 알면서 알릴 때는 '폭로하다'라고 구분해서 말하겠지요. 이렇듯 낱말을 많이 알면, 보다 정확하게 이해하고 정교하게 표현할 수 있습니다.

〈세 마리 토끼 잡는 초등 어휘〉는 아이들의 어휘력을 키워 주려고 탄생했습니다. 아이들이 낱말을 재미있고 효율적으로 배울 뿐 아니라, 낯선 낱말을 만나도 그 뜻을 유추해 내도록 이끄는 것이 〈세 마리 토끼 잡는 초등 어휘〉의 목표입니다. 공부 잘하는 아이, 독서 잘하는 아이로 키우고 싶다면, 이 글을 읽는 순간 이미 목적지에 한 발 다가선 것입니다. 〈세 마리 토끼 잡는 초등 어휘〉가 공부 잘하는 아이, 독서 잘하는 아이로 책임지고 키워 드리겠습니다.

**세 마리 토끼 잡는 초등 어휘 는 어떤 책인가요?**

**1** 한자어, 고유어, 영단어 세 마리 토끼를 잡아 어휘력을 통합적으로 키워 주는 책

〈세 마리 토끼 잡는 초등 어휘〉는 한자어와 고유어, 영단어 실력을 단단하게 만들어 주는 책입니다. 낱말 공부가 지루한 건, 낱말과 뜻을 1:1로 외우기 때문입니다. 이렇게 공부하면 낯선 낱말을 만났을 때 속뜻을 헤아리지 못해 낭패를 보지요. 〈세 마리 토끼 잡는 초등 어휘〉는 속뜻을 이해하면서 한자어를 공부하고, 이와 관련 있는 고유어와 영단어를 연결해서 공부하도록 이루어져 있습니다. 흩어져 있는 글자와 낱말들을 연결하면 보다 재미있게 공부하고 오래 기억할 수 있습니다.

## 2 한자가 아니라 '한자 활용 능력'을 키워 주는 책

많은 아이들이 '날 생(生)' 자는 알아도 '생명', '생계', '생산'의 뜻은 똑 부러지게 말하지 못합니다. 한자와 한자어를 따로따로 공부하기 때문이지요. 〈세 마리 토끼 잡는 초등 어휘〉는 한자를 중심으로 다양한 한자어를 공부하도록 구성하여 한자를 통해 낯설고 어려운 낱말의 속뜻도 짐작할 수 있는 '한자 활용 능력'을 키워 줍니다.

## 3 교과 지식과 독서·논술 실력을 키워 주는 책

〈세 마리 토끼 잡는 초등 어휘〉는 추상적인 낱말과 개념어를 잡아 주는 책입니다. 고학년이 되면 '사고방식', '민주주의' 같은 추상적인 낱말과 개념어를 자주 듣게 됩니다. 이런 어려운 낱말은 아이들의 책 읽기를 방해하고 공부에 대한 흥미를 잃게 하지요. 하지만 〈세 마리 토끼 잡는 초등 어휘〉로 공부하면 낱말과 지식을 함께 익힐 수 있어서, 교과 공부는 물론이고 독서와 논술을 위한 기초 체력도 기를 수 있습니다.

**세 마리 토끼 잡는 초등 어휘 는 어떻게 이루어져 있나요?**

## 1 전체 구성

〈세 마리 토끼 잡는 초등 어휘〉는 다섯 단계(총 18권)로 이루어져 있습니다.

| 단계 | P단계 | A단계 | B단계 | C단계 | D단계 |
|---|---|---|---|---|---|
| 대상 학년 | 유아~초등 1년 | 초등 1~2년 | 초등 2~3년 | 초등 3~4년 | 초등 5~6년 |
| 권 수 | 3권 | 4권 | 4권 | 4권 | 3권 |

## 2 권 구성

〈세 마리 토끼 잡는 초등 어휘〉 한 권은 내용에 따라 PART1, PART2, PART3으로 나누어져 있습니다.

> **PART1** 핵심 한자로 배우는 기본 어휘(2주 분량)

10개의 핵심 한자를 중심으로 한자어와 고유어, 영단어를 익히는 곳입니다. 한자는 단계에 맞는 급수와 아이들이 자주 듣는 낱말이나 교과 연계성을 고려해 선별하였습니다. 한자와 낱말은 한눈에 들어오게 어휘망으로 구성하였고, 다양한 활동을 통해 낱말의 뜻을 익힐 수 있게 꾸렸습니다. 또한 교과 관련 낱말을 별도로 구성해서 교과 지식도 함께 쌓을 수 있습니다.

**단계별 구성**(P단계에서 D단계로 갈수록 핵심 한자와 낱말의 난이도가 높아지고, 낱말 수도 많아집니다.)

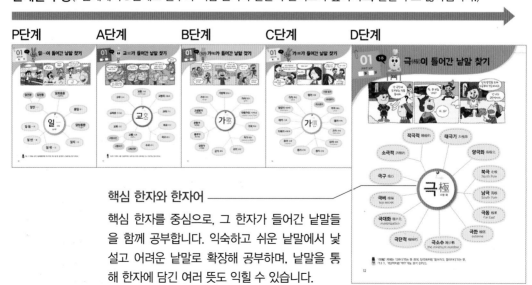

핵심 한자와 한자어 ────

핵심 한자를 중심으로, 그 한자가 들어간 낱말들을 함께 공부합니다. 익숙하고 쉬운 낱말에서 낯설고 어려운 낱말로 확장해 공부하며, 낱말을 통해 한자에 담긴 여러 뜻도 익힐 수 있습니다.

## PART 2 뜻을 비교하며 배우는 관계 어휘(1주 분량)

관계가 있는 여러 낱말들을 연결해서 공부하는 곳입니다. '輕(가벼울 경)', '重(무거울 중)' 같은 상대되는 한자나, '동물', '종교' 등 하나의 주제를 중심으로 관련 있는 낱말들을 모아서 익힐 수 있습니다.

**상대어로 배우는 한자어**
상대되는 한자를 중심으로 상대어들을 함께 묶어 공부합니다. 상대어를 통해 어휘 감각과 논리력을 키울 수 있습니다.

**주제로 배우는 한자어**
음식, 교통, 방송, 학교 등 하나의 주제와 관련 있는 낱말을 모아서 공부합니다.

## PART 3 소리를 비교하며 배우는 확장 어휘(1주 분량)

소리가 같거나 비슷해서 헷갈리는 낱말이나, 낱말 앞뒤에 붙는 접두사·접미사를 익히는 곳입니다. 비슷한말을 비교하면서 우리말을 좀 더 바르게 쓸 수 있습니다.

**헷갈리는 말 살피기**
'가르치다/가리키다', '~던지/~든지'처럼 헷갈리는 말이나 흉내 내는 말을 모아 뜻과 쓰임을 비교합니다.

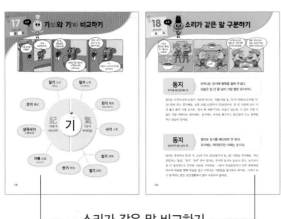

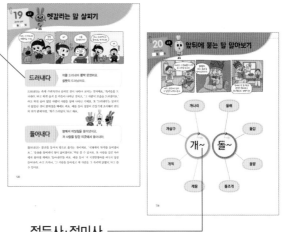

**소리가 같은 말 비교하기**
소리가 같은 한자를 중심으로, 소리는 같지만 뜻이 다른 동음이의어를 공부합니다.

**접두사·접미사**
'~장이/~쟁이'처럼 낱말 앞뒤에 붙어 새로운 뜻을 더하는 접두사·접미사를 배웁니다.

세마리 **토**끼 잡는 초등 **어휘** 1일 학습은 **어떻게** 짜여 있나요?

**어휘망**

어휘망은 핵심 한자나 글자, 주제를 중심으로 쓰임이 많은 낱말을 모아 놓은 마인드맵입니다. 한자의 훈음과 관련 낱말들을 익히면, 한자를 이용해 낱말들의 속뜻을 짐작할 수 있습니다.

**먼저 확인해 보기**

미로 찾기, 십자말풀이, 색칠하기 등 다양한 활동을 하며 낱말의 뜻을 정확히 알고 있는지 확인할 수 있습니다.

**익숙한 말 살피기**

낱말을 아이들 눈높이에 맞춰 한자로 풀어 설명합니다. 한자와 뜻을 연결해 공부하면서 한자를 이용한 속뜻 짐작 능력을 키울 수 있습니다.

**교과서 말 살피기**

교과 내용을 낱말 중심으로 되짚어 봅니다. 확장된 지식과 낱말 상식 등을 함께 공부할 수 있습니다.

**특별 구성**

★ '주제로 배우는 한자어'는 동물, 학교, 수 등 주제를 중심으로 관련 어휘를 확장해서 공부합니다.

## 속뜻 짐작 능력 테스트

앞에서 배운 내용을 잘 이해했는지 확인하고, 핵심 한자를
활용해 낯설거나 어려운 낱말의 뜻을 스스로 짐작해 봅니다.

## 어휘망 넓히기

관련 있는 영단어와 새말 등을
확장해서 공부할 수 있습니다.
QR 코드를 찍으면 영어 발음을
듣고 배울 수 있습니다.

## 재미있는 우리말 유래 / 이야기

## 재미있는 우리말 유래/이야기

한 주 학습을 마치면, 우리말 유래나 우리
말에 얽힌 이야기를 소개하는 재미있는 만
화가 기다리고 있습니다.

★ '헷갈리는 말 살피기'는 소리가 비슷한 낱말들을 비교할 수 있게 구성하였습니다.

#  세 마리 토끼 잡는 초등 어휘 이렇게 공부해요

## 1 매일매일 꾸준히 공부해요

〈세 마리 토끼 잡는 초등 어휘〉는 매일 6쪽씩 꾸준히 공부하는 책이에요. 재미있는 활동과 만화가 있어서 지루하지 않게 공부할 수 있지요. 공부가 끝나면 '○주 ○일 학습 끝!' 붙임 딱지를 붙이고, QR 코드를 이용해 영어 발음도 들어 보세요.

## 2 또 다른 낱말도 찾아보아요

하루 공부를 마치고 나면, 인터넷 사전에서 그날의 한자가 들어간 다른 낱말들을 찾아보세요. 아마 '어머, 이 한자가 이 낱말에 들어가?', '이 낱말이 이런 뜻이었구나.'라고 깨달으며 새로운 즐거움에 빠질 거예요. 새로 알게 된 낱말들로 나만의 어휘망을 만들면 더욱 도움이 될 거예요.

## 3 보고 또 봐요

〈세 마리 토끼 잡는 초등 어휘〉는 PART1에 나온 한자가 PART2나 PART3에도 등장해요. 보고 또 보아야 기억이 나고, 비교하고 또 비교해야 정확히 알 수 있기 때문이지요. 책을 다 본 뒤에도 심심할 때 꺼내 보며 낱말들을 내 것으로 만들어 보세요.

| 한 주 학습표 | 월 | 화 | 수 | 목 | 금 | 토 |
|---|---|---|---|---|---|---|
| | 매일 6쪽씩 학습하고, '○주 ○일 학습 끝!' 붙임 딱지 붙이기 | | | | | 주요 내용 복습하기 |

# 세마리 토끼잡는 초등 어휘

B단계 4권

| 주 | 일차 | 단계 | | 공부할 내용 | 교과 연계 내용 |
|---|---|---|---|---|---|
| 1주 | 1 | PART1<br>(기본 어휘) | | 광(光) | [과학 4-1] 식물의 한살이를 통해 광합성에 대해 알아보기 |
| | 2 | | | 등(等) | [수학 3-1] 생활 안에서 등분의 개념 살펴보기 |
| | 3 | | | 병(病) | [체육 3] 질병 예방을 위한 생활 습관 알아보기 |
| | 4 | | | 친(親) | [안전한 생활 2] 소중한 친구에 대해 생각해 보기 |
| | 5 | | | 장(場) | [즐거운 생활 2-2] 세계의 광장으로 다른 나라의 문화 알아보기 |
| 2주 | 6 | | | 음(音) | [음악 4] 음계 알아보기 |
| | 7 | | | 특(特) | [사회 3-2] 지리적 특성에 따른 특산물 알아보기 |
| | 8 | | | 신(信) | [사회 3-1] 통신 수단의 변화 살펴보기 |
| | 9 | | | 전(戰) | [사회 5-1] 분단 상황을 이해하고 우리 민족이 겪은 문제 살펴보기 |
| | 10 | | | 화(畫) | [사회 4-1] 문화유산을 소중히 여기는 태도 갖기<br>[사회 5-1] 우리 문화의 전통성 알아보기 |
| 3주 | 11 | PART2<br>(관계 어휘) | 상대어 | 화전(和戰) | [사회 5-1] 분단이 가져온 문제 살펴보기 |
| | 12 | | | 공사(公私) | [사회 4-1] 공기업을 알아보고 문제 해결에 참여하는 태도에 대해 생각해 보기 |
| | 13 | | | 희로애락(喜怒哀樂) | [국어 4-1] 문학 작품으로 인물의 마음 살펴보기 |
| | 14 | | 주제어 | 문명(文明) | [사회 5-2] 청동기 시대의 생활 모습 알아보기 |
| | 15 | | | 인권(人權) | [사회 4-2] 소수자의 권리를 보호하기 위한 방법 알아보기 |
| 4주 | 16 | PART3<br>(확장 어휘) | 동음이의<br>한자 | 인(人/認/引) | [과학 3-1] 생활에서 자석이 사용되는 예 찾아보기 |
| | 17 | | | 장(場/長/章) | [사회 3-1] 우리 고장의 모습 알아보기 |
| | 18 | | 소리가<br>같은 말 | 매장(賣場)/매장(埋葬)<br>전기(電氣)/전기(傳記)<br>동요(童謠)/동요(動搖)<br>유도(柔道)/유도(誘導) | [국어 2-2] 바른 말 사용하기<br>[국어 3-1] 낱말의 뜻 정확히 알고 사용하기 |
| | 19 | | 헷갈리는<br>말 | 지그시/지긋이<br>가름/가늠<br>받치다/바치다/받히다 | [국어 2-1] 소리가 비슷해서 헷갈릴 수 있는 말 알기<br>[국어 2-2] 바른 말 사용하기 |
| | 20 | | 접두사/<br>접미사 | 외~/독(獨)~ | [사회 4-2] 사회 변화와 고령화 사회에 대해 알아보기 |

## contents

자, 준비됐니?
토야와 같이
출발~!

# PART 1

PART1에서는 핵심 한자를 중심으로
우리말과 영어 단어, 교과 관련 낱말 들을 공부해요.

# 광(光)이 들어간 낱말 찾기

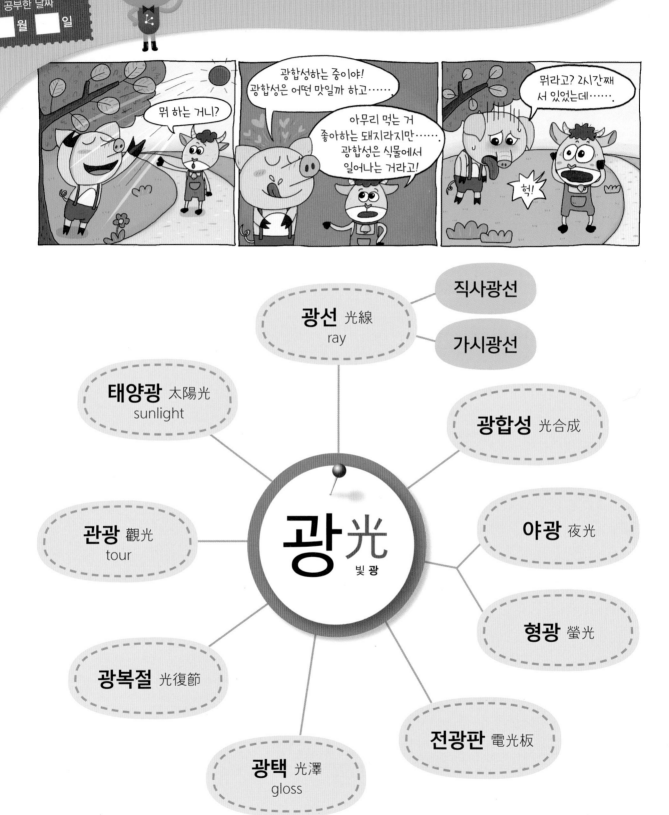

'광(光)' 자에는 태양광, 광선처럼 '태양의 빛'이라는 뜻과 야광, 광택처럼 '직접적인 빛'이라는 뜻이 있어요.
이외에도 광복절, 관광처럼 '상징적인 의미의 빛'을 의미하기도 해요.

**1** 해적들은 번쩍번쩍 빛이 나는 '이것'을 보고 기뻐했어요. 아래의 각 설명에 해당하는 낱말을 찾아 색칠하여, 해적들이 무엇을 보았는지 알아보세요.

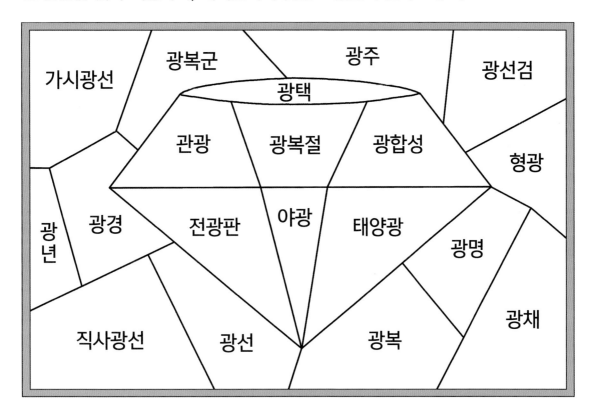

① 다른 지방이나 다른 나라를 구경하는 것이에요.

② 우리나라가 일본의 지배로부터 벗어나 나라를 되찾은 것을 기념하기 위해 만든 날이에요.

③ 식물이 햇빛으로 영양분을 만드는 일이에요.

④ 태양의 빛을 가리켜요.

⑤ 전류를 통해 그림이나 문자 등의 정보가 나타나도록 만든 판이에요. 야구장에서 쉽게 볼 수 있어요.

⑥ 어둠 속에서 빛을 내는 것이에요.

⑦ 보석처럼 빛을 받아 반짝이는 것을 뜻해요.

야호~

**태양광**
太(클 태) 陽(볕 양) 光(빛 광)

지구를 환하게 비추는 해를 한자로 '클 태(太)' 자와 '볕 양(陽)' 자를 붙여 '태양'이라고 해요. 태양에 '빛 광(光)' 자가 더해진 **태양광**은 태양의 빛을 의미하지요.

**광선**
光(빛 광) 線(줄 선)

빛의 줄기(줄 선, 線)를 **광선**이라고 해요. 광선 중에 정면으로 곧게(곧을 직, 直) 비치는(쏠 사, 射) 빛은 '직사광선'이라고 하고, 사람의 눈으로 볼(볼 시, 視) 수 있는 빛은 '가시광선'이라고 하지요.

**광합성**
光(빛 광) 合(합할 합) 成(이룰 성)

녹색식물이 태양에서 받은 빛으로 이산화 탄소와 물을 합성(합할 합, 合)해 영양분을 만드는(이룰 성, 成) 과정을 **광합성**이라고 해요. 광합성으로 만들어진 영양분은 줄기를 통해 열매와 뿌리 등 식물 구석구석으로 이동하여 식물이 자라게 하지요.

**야광 / 형광**
夜(밤 야) 光(빛 광) 螢(반딧불 형)

**야광**은 깜깜한 밤(밤 야, 夜)이나 어둠 속에서 빛을 내는 것을 일컬어요. 또 어떤 물질이 밖으로부터 에너지를 받아 반딧불(반딧불 형, 螢)처럼 빛을 낼 때, 그 빛을 **형광**이라고 해요. 그래서 유리관 안에 형광 물질을 칠하여 만든 전등을 '형광등'이라고 한답니다.

**전광판**
電(번개 전) 光(빛 광) 板(널빤지 판)

경기장이나 큰 건물에서 글자나 그림 등이 나타나는 커다란 판을 본 적이 있지요? 바로 전구 불빛을 이용해 각종 정보를 전하는 **전광판**이에요. 특히 야구장에서는 전광판으로 선수들 이름과 경기 내용 등을 알려 주지요.

**광택**
光(빛 광) 澤(못 택)

다이아몬드 같은 보석을 본 적이 있나요? 보석은 빛을 받으면 반짝거려요. 이렇게 빛을 받아 물체 표면이 반짝거리는 것을 **광택**이라고 해요.

**광복절**
光(빛 광) 復(돌아갈/돌아올 복) 節(마디 절)

'광복'은 빼앗긴 주권을 다시 찾은 것을 뜻해요. 1945년 8월 15일, 우리나라가 일본 식민지에서 벗어나 나라를 되찾은 것을 기념하기 위해 만든 날을 **광복절**이라고 하지요.

**관광**
觀(볼 관) 光(빛 광)

다른 지방이나 다른 나라의 경치, 유적, 풍속 등을 구경하는 것을 '볼 관(觀)' 자를 써서 **관광**이라고 해요. 관광하러 다니는 사람은 '손님 객(客)' 자를 더하여 '관광객'이라고 하지요.

# 엽록소의 마술 쇼, 광합성

식물들은 햇빛과 이산화 탄소, 물만 먹고도 천 년을 넘게 살기도 하고, 어떤 식물은 아파트 10층 높이까지 자라기도 해요. 이 일이 가능한 건 식물의 녹색 잎에 있는 '엽록소' 때문이에요. 아주 작은 녹색 알갱이인 엽록소가 어떻게 이런 일을 해내는지, 엽록소의 마술 쇼를 살펴볼까요?

〈식물의 광합성〉

날말상식 톡

해의 빛을 뜻하는 '햇빛'은 비슷한말들이 많아요. 해에서 나오는 빛의 줄기는 '햇살'이라고 하고, 사방으로 뻗친 햇살은 '햇발'이라고 해요. 또 해가 처음 솟을 때의 빛은 '햇귀'라고 하고, 해가 내리쬐는 따뜻한 기운은 '햇볕'이라고 하지요.

**1** 다음 빈칸에 들어갈 알맞은 낱말을 보기에서 찾아 써 보세요.

① [    ]을 켜자 방 안이 환해졌어요.

② 우리가 볼 수 있는 빛은 [    ]이에요.

③ 결승점에 들어온 선수들의 이름이 순서대로 경기장 [    ]에 나타났어요.

보기   전광판    형광등    가시광선

**2** 다음 문장을 읽고, (    ) 안에 알맞은 낱말을 골라 ○ 하세요.

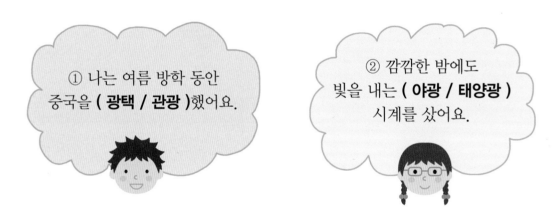

① 나는 여름 방학 동안 중국을 ( 광택 / 관광 )했어요.

② 깜깜한 밤에도 빛을 내는 ( 야광 / 태양광 ) 시계를 샀어요.

**3** 속뜻짐작 다음 대화를 읽고, 빈칸에 공통으로 들어갈 낱말을 찾아 ○ 하세요.

햇빛 아래에서 [  ]을 오래 했더니 피부가 까맣게 탔어.

바다사자가 햇빛 아래에서 [  ]을 즐기고 있어.

햇빛을 쬐는 일을 가리키니까, '해'와 '빛'을 뜻하는 걸 찾아봐!

일광욕        광합성

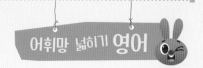

우리 주변에는 빛을 내는 것들이 많아요.
하늘에서 볼 수 있는 빛을 영어로 알아볼까요?

# sunlight

'태양'을 뜻하는 sun과 '빛'을 뜻하는 light이 합쳐진 sunlight은 '햇빛'을 가리켜요. sunlight 이외에 햇빛을 나타내는 영어 단어에는 sunbeam과 sunshine도 있어요.

# moonlight

밤하늘을 비추는 은은한 달빛은 마음을 편안하게 해 줘요. 그래서 베토벤은 달빛을 주제로 Moonlight라는 곡을 쓰기도 했지요. 여기서 moonlight은 '달빛' 즉 '월광'을 뜻해요. '달빛 아래에서 우리는 함께 걸었어.'는 'We walked together in the moonlight.'이라고 해요.

I주 I일
학습 끝!

붙임 딱지 붙여요.

# starlight

star는 '별'이에요. 따라서 starlight이라고 하면 '별빛'을 뜻하지요. starlight night은 '하늘에 별이 총총한 밤'을 의미해요. 또 우리가 많이 부르는 '반짝반짝 작은 별'이라는 노랫말은 영어로 twinkle twinkle little star라고 한답니다. twinkle은 '반짝거리다'라는 뜻이에요.

QR 찍고 발음 듣기

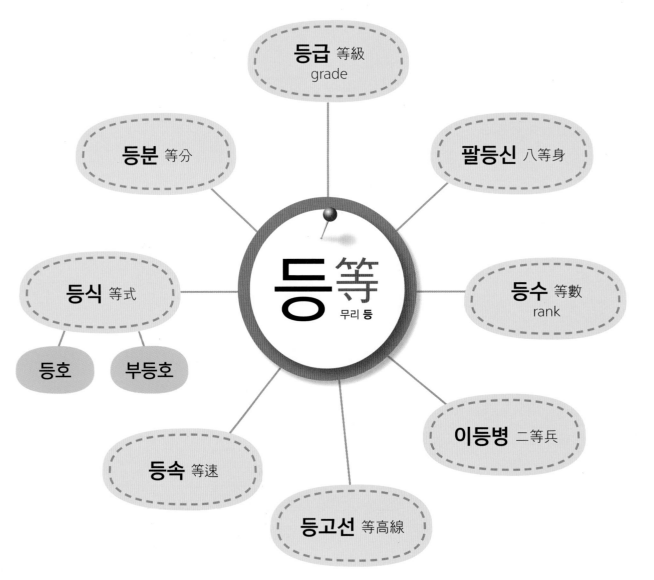

등급 等級 grade

등분 等分

팔등신 八等身

등식 等式

등호 부등호

등等
무리 등

등수 等數 rank

이등병 二等兵

등속 等速

등고선 等高線

 '등(等)' 자에는 등분처럼 '나누다'라는 뜻과 등수처럼 '순위'라는 뜻이 있어요.
이외에도 등고선, 등속처럼 '같다'는 뜻으로도 쓰여요.

1 친구가 멍멍이를 잃어버렸어요. 팻말에서 밑줄 친 낱말이 바르게 쓰였으면 YES, 잘못 쓰였으면 NO 쪽으로 따라가 보세요. 그러면 멍멍이를 찾을 수 있을 거예요.

## 등분
等(무리 등) 分(나눌 분)

'나눌 분(分)' 자가 쓰인 **등분**은 분량을 똑같이 나누는 거예요. 또 똑같이 나눈 것을 셀 때 사용되기도 하지요. 친구와 먹을 것을 똑같이 나눌 때 등 생활 안에서 등분을 하는 경우는 많아요.

## 등급
等(무리 등) 級(등급 급)

높고 낮음이나 좋고 나쁨에 따라 여럿으로 나눈 단계를 **등급**이라고 해요. 훌륭하고 빼어난 등급은 '넉넉할 우(優)' 자를 써서 '우등', 수준이 떨어지는 등급은 '못할 렬/열(劣)' 자를 붙여 '열등'이라고 하지요.

## 팔등신
八(여덟 팔) 等(무리 등) 身(몸 신)

아름다운 몸매를 가진 미인을 뭐라고 부를까요? 여러 말이 있지만 팔등신 미인이라고도 불러요. **팔등신**은 키가 얼굴 길이의 여덟 배인 몸을 일컫는 말로, 균형 잡힌 아름다운 몸의 기준이 돼요.

## 등수
等(무리 등) 數(셈 수)

체육 대회 때 달리기를 해서 1등, 2등 순서를 매기는 것을 **등수**라고 해요. 여럿이 겨루어 잘하고 못한 정도를 차례대로 나타낸 숫자(셈 수, 數)이지요. 비슷한말로 '순위', '석차'가 있어요.

## 이등병
二(두 이) 等(무리 등) 兵(군사 병)

**이등병**은 군대에서 가장 낮은 계급이에요. 군대에 가면 이등병부터 시작하는데, 줄여서 '이병'이라고도 하지요. 이등병처럼 직위가 낮은 병사를 '졸병'이라고 해요.

이등병

## 등고선
等(무리 등) 高(높을 고) 線(줄 선)

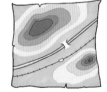

지도에서 여러 개의 꼬불꼬불한 곡선을 본 적이 있을 거예요. 바로 **등고선**이에요. 등고선은 바닷물 표면으로부터 높이가 같은 지점을 연결한 선으로, 땅의 높낮이를 비교할 수 있어요.

## 등속
等(무리 등) 速(빠를 속)

**등속**은 속도가 변하지 않고 일정한 것을 뜻해요. 이렇게 속도가 일정한 운동을 '등속 운동'이라고 하지요. 속도가 시간에 따라 점점 더해지는(더할 가, 加) 것은 '가속'이라고 하고, 속도가 점점 줄어드는(덜 감, 減) 것은 '감속'이라고 해요.

## 등식
等(무리 등) 式(법 식)

**등식**은 등호를 써서 두 수나 두 식이 서로 같음을 나타내는 식이에요. 이때 '등호'는 두 수나 두 식이 서로 같음을 나타내는 기호로 '='를 사용해요. 반면 두 수나 두 식이 서로 같지 않을(아니 불/부, 不) 때에는 '>'와 '<' 또는 '≥'와 '≤' 같이 '부등호'로 표시해요.

# 생활 안에서 등분 찾기

우리 주변을 잘 살펴보면 등분되어 있는 것들이 많아요. '등분'은 어떤 것을 똑같은 분량으로 나누는 것으로, 둘로 똑같이 나눌 때는 '두 이(二)' 자를 붙여 '이등분'이라고 하고, 셋으로 똑같이 나눌 때는 '석 삼(三)' 자를 붙여 '삼등분'이라고 해요. 그럼 우리 주변에서 어떻게 등분을 사용하는지 한번 살펴볼까요?

〈국기에서 찾은 등분〉

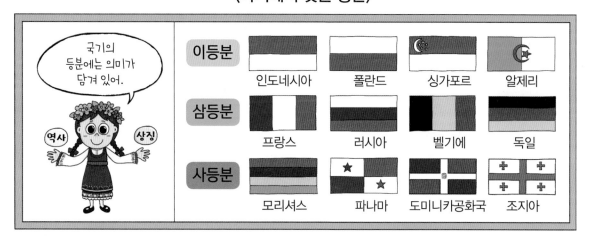

〈먹거리에서 찾은 등분〉

세(석 삼, 三) 개의 색(빛 색, 色)으로 삼등분이 된 국기(기 기, 旗)를 '삼색기'라고 해요. 가로로 된 삼색기는 네덜란드에서 처음으로 사용했고, 세로로 된 삼색기는 프랑스에서 처음으로 사용했지요. 프랑스 삼색기는 파랑, 하양, 빨강으로 이루어져 있는데, 각각 자유, 평등, 박애를 상징해요. 이것이 유럽 전역으로 퍼지면서 다른 유럽 국기에도 영향을 주었답니다.

**1** 빈칸에 들어갈 낱말을 초성 힌트와 뜻풀이를 참고해 써 보세요.

시험을 잘 보았기 때문에 | ㄷ | ㅅ | 가 많이 올랐다.
정해진 기준으로 매긴 등급의 순서

우주선은 속도를 늦추지도 높이지도 않은 채 | ㄷ | ㅅ | 으로 움직였다.
속도가 변하지 않고 일정함.

우리 치즈 공장에서는 가장 좋은 | ㄷ | ㄱ | 을 받은 우유를 쓴답니다.
높고 낮음이나 좋고 나쁨에 따라 여럿으로 나눈 단계

**2** 밑줄 친 부분의 글자들을 바르게 배열하여, 빈칸에 알맞은 낱말을 써 보세요.

지도에 표시된 **등선고**을/를 보면 산의 높이를 짐작할 수 있을 거야.

저는 이제 갓 군인이 된 **병이등**입니다.

**호부등**이/가 있는 '5>3'를 말로 풀이하면 '5는 3보다 크다.'가 돼.

피자 한 판을 여덟 명이 똑같이 먹으려면 **등팔분**을 해야 해.

**3** 속뜻 짐작 다음 글을 읽고, 빈칸에 공통으로 들어갈 낱말을 찾아 ○ 하세요.

오늘은 [ ]에 대해 배웠다. [ ]은 차별 없이 고른 것이라고 한다. 그렇다고 모든 사람을 무조건 똑같이 대해 주는 것이 아니라, 각자의 차이를 인정하면서 서로를 존중해야 진정한 [ ]이 될 수 있다.

차등

평등

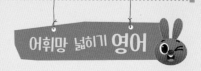

비행기 좌석에 등급이 있다는 사실을 알고 있나요?
비행기 좌석 등급을 나타내는 영어 표현에 대해 알아보아요.

# economy class

economy는 '경제적인, 실속 있는'이라는 뜻이고,
class에는 '등급'이라는 뜻이 있어요. 그래서
economy class는 '일반석'이나 '보통석'을
의미하지요. 미국에서는 coach class라고도 해요.

# business class

철도나 비행기 좌석 중에서 중간 등급에
해당해요. 넉넉한 공간에서 여유로움을
느낄 수 있는 좌석이지요. business는
'사업'이라는 뜻으로, 사업하는 사람들이
탄다는 의미에서 business class라고
해요. economy class보다 좋은
좌석이에요.

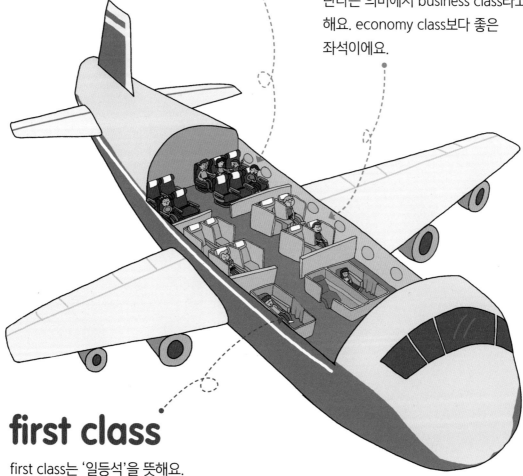

# first class

first class는 '일등석'을 뜻해요.
가격이 가장 비싼 편이라 최고의 서비스를 제공해요.
first는 '첫째'라는 뜻으로, 1위를 가리켜 the first place라고 해요.
2위는 the second place, 3위는 the third place라고 하지요.

1주 2일
학습 끝!
**붙임 딱지 붙여요.**

QR 찍고 발음 듣기

# 병(病)이 들어간 낱말 찾기

1 칠판에 적힌 설명을 읽고, 각 설명에 해당하는 낱말을 낱말 판에서 찾아 색칠해 보세요.

| 전 | 다 | 희 | 병 | 수 | 자 | 동 |
|---|---|---|---|---|---|---|
| 염 | 문 | 병 | 충 | 병 | 마 | 병 |
| 병 | 용 | 민 | 해 | 중 | 병 | 상 |
| 사 | 민 | 학 | 원 | 기 | 원 | 련 |
| 병 | 균 | 우 | 생 | 정 | 신 | 온 |
| 요 | 냉 | 방 | 병 | 랑 | 질 | 병 |

예 ① 아픈 사람을 찾아가서 위로하는 것 ⬜⬜

② 몸에 나타나는 온갖 병 ⬜⬜

③ 몸이 아플 때 치료를 받기 위해 가는 곳 ⬜⬜

④ 냉방이 된 실내와 실외의 온도 차이로 생기는 병 ⬜⬜⬜

⑤ 같은 병을 앓는 사람끼리 서로 불쌍히 여긴다는 뜻의 사자성어 ⬜⬜⬜⬜

⑥ 몸속으로 들어와 병에 걸리게 만드는 균 ⬜⬜

⑦ 논밭에서 키우는 농작물이 병이나 해충 때문에 입은 피해 ⬜⬜⬜

⑧ 남에게 옮아가는 병 ⬜⬜⬜

모두 '병'과 관련된 낱말들이야.

그럼 '병' 자가 들어가겠지?

25

### 병균
病(병 병) 菌(버섯 균)

'균'은 동물이나 식물에 붙어살면서 부패나 병 등을 일으키는 아주 작은 생물체예요. 그중에 병을 일으키는 균을 **병균**이라고 하지요. 같은 말로 '병원균'이라고도 해요.

### 질병
疾(병 질) 病(병 병)

몸에 나타나는 온갖 병을 **질병**이라고 해요. 그중에 남에게 옮는 병은 '전염병', 매우 드물게 나타나는 특이한 병은 '희귀병', 오랫동안 낫지 않아 늘 지니고(가질 지, 持) 있는 병은 '지병'이라고 해요. 목숨이 위태로울 만큼 많이 아픈 경우에는 '무거울 중(重)' 자를 붙여서 '중병'이라고 하지요.

### 냉방병
冷(찰 랭/냉, 冷) 房(방 방) 病(병 병)

더운 여름에 에어컨을 틀면 실내 온도가 낮아지면서 방 안이 시원해져요. 이렇게 방을 차게(찰 랭/냉, 冷) 하는 것을 '냉방'이라고 해요. 냉방이 된 실내와 실외의 온도 차이가 심해지면 감기나 몸살 같은 증상이 나타나는데, 이것을 **냉방병**이라고 하지요.

### 발병
發(필 발) 病(병 병)

몸에 병이 나는 것을 **발병**이라고 해요. '발병 원인', '전염병 발병'처럼 쓸 수 있어요. 한편 병을 고치기 위해 적극적으로 병과 싸우는(싸울 투, 鬪) 것은 '투병'이라고 하지요.

### 병원
病(병 병) 院(집 원)

몸이 아프면 병원에 가지요? **병원**은 병을 진찰하고 치료하는 데 필요한 시설들을 갖추어 놓고, 병을 낫게 하는 곳이에요. 어린아이가 아프면 '소아 청소년과', 몸의 장기에 병이 나면 '내과', 수술할 병이 생기면 '외과'에 가요.

### 문병
問(물을 문) 病(병 병)

아픈 사람을 찾아가서 얼마나 아픈지 묻고(물을 문, 問) 위로하는 것을 **문병**이라고 해요. 비슷한말로 '병문안'이 있어요.

### 동병상련
同(한가지 동) 病(병 병)
相(서로 상) 憐(불쌍할 련/연)

**동병상련**을 한자 그대로 풀이하면 같은(한가지 동, 同) 병을 앓는 사람끼리 서로(서로 상, 相) 불쌍히(불쌍할 련/연, 憐) 여긴다는 뜻이에요. 어려운 처지에 있는 사람끼리 가없게 여겨 함께 위로하거나 도울 때 쓰는 말이지요.

### 병충해
病(병 병) 蟲(벌레 충) 害(해칠 해)

논밭에서 키우는 농작물이 병이나 해충 때문에 입은 피해를 **병충해**라고 해요. '해충'은 사람에게 해를 끼치는 벼룩, 바퀴 등이나 농작물에 붙어살며 피해를 입히는 벌레를 가리키지요.

# 무서운 전염병, 조류 독감

겨울이 되면 뉴스에서 조류 독감 소식이 들려오곤 하지요? '조류'는 새(새 조, 鳥)의 무리(무리 류/유, 類)라는 뜻으로, 조류 독감은 닭이나 오리 같은 새들이 걸리는 전염병이에요. 조류 독감에 걸린 오리나 닭은 설사를 하거나 숨을 잘 쉬지 못하고 알을 낳는 능력이 눈에 띄게 떨어져요. 더군다나 조류 독감이 사람에게도 전염된다는 사실이 알려지면서 사람들을 공포에 떨게 하고 있어요. 조류의 똥이나 오줌 등을 통해 감염되는 조류 독감은 심하면 사망에 이르기도 해요. 그래서 더 많은 피해를 막기 위해 나라에서는 조류 독감에 걸린 새들을 모두 죽여서 땅에 묻어요. 그런데 이런 전염병을 예방하는 방법은 사소한 생활 습관에 있답니다. 그럼 어떻게 해야 조류 독감을 예방할 수 있는지 알아볼까요?

〈조류 독감을 예방하는 생활 습관〉

살아 있는 동식물의 세포에 몰래 살고 있는 생물을 '바이러스'라고 해요. 감기, 조류 독감, B형 간염 등도 바이러스 때문에 생기는 질병이지요. 바이러스에 감염되면 몸의 세포가 정상적인 기능을 하지 못하기 때문에 열이 나거나 기침, 설사 등의 증상이 나타나요.

**1** 빈칸에 들어갈 낱말을 보기 에서 찾아 써 보세요.

올해는 유난히 ☐☐이/가 심하군.

의사 선생님이 있는 ☐☐에 왔어.

입원한 친구에게 ☐☐을/를 갔어.

보기  병원  전염병  병충해  문병  질병

**2** 다음 설명에 해당하는 낱말을 찾아 선으로 이어 보세요.

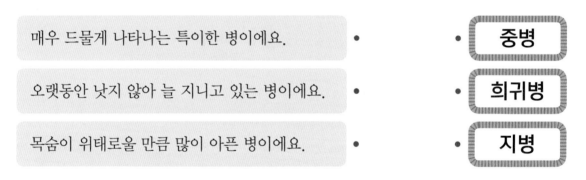

매우 드물게 나타나는 특이한 병이에요.  •  •  **중병**

오랫동안 낫지 않아 늘 지니고 있는 병이에요.  •  •  **희귀병**

목숨이 위태로울 만큼 많이 아픈 병이에요.  •  •  **지병**

**3** 속뜻짐작 그림에 어울리는 낱말을 찾아 ○ 하세요.

**꾀병**    **중병**    **발병**

우리 몸에 다양한 기관이 있는 만큼 병의 종류도 다양해요.
아플 때 영어로 어떻게 말하는지 알아볼까요?

# cold

'감기에 걸리다'는 catch a cold라고 해요.
감기에 걸리면 우리는 감기약을 먹지요?
'감기약'은 영어로 cold tablet이라고 해요.

# flu

'독감'은 flu라고 해요. influenza라고도 하
지요. 독감은 바이러스에 의한 호흡기 질환
이에요. 감기보다 훨씬 위험한 병이지요. 사
람들은 독감을 예방하기 위해 flu shot(예
방 주사)을 맞아요.

I주 3일
학습 끝!

붙임 딱지 붙여요.

# stomachache

누구나 한번쯤 배가 아팠던 기억이 있을
거예요. 배탈이 나면 화장실을 들락날락
거리게 되지요. '배탈이 나다'는 have a
stomachache라고 해요. 여기서 stomach
는 '위'나 '배'를 뜻해요.

# toothache

이가 썩어서 충치가 생기면 음식을 먹지 못
할 정도로 아파요. 이렇게 이가 아픈 걸 치
통이라고 해요. toothache는 '치통'을 나
타내는 말이에요. 그리고 이가 아플 때 찾
아가는 '치과 의사'는 dentist라고 해요.

QR 찍고 발음 듣기

# 친(親)이 들어간 낱말 찾기

친절 親切
kind

친근 親近

친척 親戚
relative

친환경 親環境
eco-friendly

친정 親庭

친 親
친할 친

친일파 親日派

친필 親筆
handwriting

친선 경기
親善 競技

친구 親舊
friend

1 호스들이 뒤엉켜 있어요. 낱말에 이어진 호스를 잘 따라가서 낱말의 뜻을 확인해
보세요.

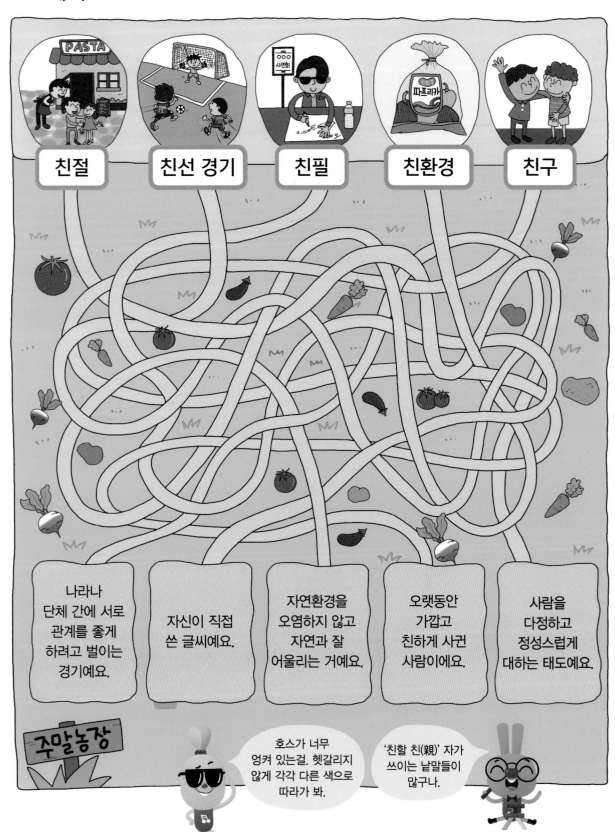

## 친근
親(친할 친) 近(가까울 근)

매우 친하고(친할 친, 親) 가까운(가까울 근, 近) 사이일 때 **친근**하다고 해요. 비슷한말로 '친밀'이 있지요. 반대로 익숙하지 않아 어색할 때는 '생경', '생소'라는 말을 사용해요.

## 친절
親(친할 친) 切(끊을/간절할 절)

**친절**은 사람을 다정하고 정성스럽게 대하는 태도를 말해요. 반대로 친절하지 않은 태도는 '아니 불/부(不)' 자를 붙여 '불친절'이라고 해요.

## 친척 / 친정
親(친할 친) 戚(겨레 척) 庭(뜰 정)

명절날이 되면 친척들이 모여 즐거운 시간을 보내지요? **친척**은 아버지의 일가인 친가와 어머니의 일가인 외가 사람들을 모두 일컫는 말이에요. 또한 **친정**은 어머니가 결혼하기 전에 살았던 집을 말해요.

## 친필
親(친할 친) 筆(붓 필)

자기 자신이 직접 쓴 글씨(붓 필, 筆)를 **친필**이라고 해요. '스스로 자(自)' 자에 '붓 필(筆)' 자를 쓴 '자필'과 비슷한말이에요.

## 친구
親(친할 친) 舊(옛 구)

가장 친한 친구를 떠올려 보세요. 좋은 친구가 있다는 것은 행복한 일이지요. '옛 구(舊)' 자가 붙은 **친구**는 오랫동안 가깝고 친하게 사귄 사람이에요. 비슷한말로 '동무'와 '벗'이 있지요.

## 친선 경기
親(친할 친) 善(착할 선) 競(다툴 경) 技(재주 기)

서로 친하게 지내며 사이가 좋은 것을 '친선'이라고 해요. **친선 경기**는 서로 좋은 관계를 지키고 더 발전시키기 위해 하는 경기이지요. 나라 간에 하기도 하지만, 옆 반이나 이웃 학교 등과 친선 경기를 하기도 해요.

## 친일파
親(친할 친) 日(날 일) 派(물갈래 파)

'친일'은 일본과 친하게 지내는 거예요. 여기서 '일(날 일, 日)' 자는 일본을 가리키지요. 일제 강점기 때 나라를 위해 활동하는 대신 일본과 한편이 되어 일본의 침략을 도와준 사람들을 **친일파**라고 해요.

## 친환경
親(친할 친) 環(고리 환) 境(지경 경)

'환경'은 우리 주변의 상태를 뜻하는 말로, 보통은 자연환경을 가리켜요. 여기에 '친(親)' 자가 더해진 **친환경**은 자연환경을 변화하거나 훼손하지 않고, 자연 그대로와 잘 어울리는 거예요. 같은 말로 '환경친화'가 있어요.

# 진정한 친구

우리는 살면서 많은 친구를 사귀어요. 그중에 함께 있으면 행복하고 힘들 때는 힘이 되는 사람이 진정한 친구이지요. '친구는 인생의 귀한 보물이다.'라는 말처럼 친구는 소중해요. 사자성어에도 친구와의 우정을 나타내는 말들이 있는데, 함께 알아볼까요?

## 〈우정을 나타내는 사자성어〉

### 관포지교(管鮑之交)

옛날 중국에 관중과 포숙이라는 친구가 있었어요. 관중이 전쟁터에서 도망쳐 비난받을 때 포숙은 끝까지 관중 편이었지요. 늙은 어머니 때문에 집에 가야만 했던 관중은 자기를 믿어 준 포숙이 고마웠어요. 그 후 관중과 포숙 같은 친구 사이를 '관포지교'라고 해요.

### 수어지교(水魚之交)

'수어지교'는 '물(물 수, 水)과 물고기(물고기 어, 魚)의 사귐'이라는 뜻으로, 물고기가 물과 떨어져 살 수 없는 것처럼, 둘의 사이가 떨어질 수 없을 정도로 매우 친한 것을 말해요. 유비가 제갈량을 얻고 나서 너무 기쁜 나머지 한 말이라고 하지요.

### 죽마고우(竹馬故友)

'죽마고우'는 대나무 말(대 죽 竹, 말 마 馬)을 타고 놀던 옛(예 고, 古) 친구(벗 우, 友)라는 뜻이에요. 어렸을 때부터 함께 놀면서 친하게 자란 친구를 말하지요.

'정(뜻 정, 情)'은 서로 친하고 가까운 것을 느끼는 마음이에요. 친구(벗 우, 友) 사이에 나누는 정을 '우정'이라고 해요. 우정과 비슷한말로 '우애'가 있어요. 우애는 형제나 친구 사이에 나누는 정(사랑 애, 愛)이지요.

**1** 다음 설명에 알맞은 낱말을 초성 힌트를 참고해 써 보세요.

① 친가와 외가 사람들을 모두 일컫는 말이에요.  | ㅊ | ㅊ |

② 일제 강점기 때 일본에 협력하고 우리 민족을 괴롭힌 사람들을 가리켜요.  | ㅊ | ㅇ | ㅍ |

③ 자연환경을 오염하지 않고 자연과 잘 어울리는 거예요.  | ㅊ | ㅎ | ㄱ |

④ 어머니가 결혼하기 전에 살았던 집이에요.  | ㅊ | ㅈ |

**2** 다음 빈칸에 들어갈 낱말을 찾아 ○ 하세요.

| 친한 경기 | 친선 경기 |

| 친필 | 친근 |

| 친정 | 친구 |

**3** 속뜻짐작 그림에서 가족과 관련 있는 낱말 3개를 찾았어요. 나머지 1개를 더 찾아 색칠해 보세요.

엄마, 아빠를 함께 일컫는 낱말을 찾아봐

친절하고 상냥한 사람을 만나면 기분이 좋아져요.
친절을 뜻하는 영어 단어에는 어떤 것들이 있는지 살펴볼까요?

# kind

kind는 친절한 태도를 나타내요. 사람을 대하는 태도가 다정하고 상냥할 때 주로 쓰지요.

He is a kind man.
(그는 친절한 사람이에요.)

# friendly

friend(친구)에서 온 friendly는 따뜻하고 친절한 사람을 가리킬 때 주로 써요. 또 친구처럼 가깝고 사이좋은 관계를 나타내기도 해요.

We are friendly friends!
(우린 친한 친구야!)

I주 4일
학습 끝!

붙임 딱지 붙여요.

# gentle

gentleman은 우리말로 '신사'를 가리켜요. 신사는 점잖고 예의 바르며 남을 먼저 배려하는 사람이에요. 이런 신사가 보여 주는 태도가 바로 gentle이지요.

He is a quiet and gentle man.
(그는 조용하면서 다정한 사람이에요.)

# tender

tender는 애정이 넘치는 마음이 느껴질 만큼 상냥하고 자상한 태도를 나타내요.

She is both strict and tender.
(그녀는 엄격하지만 자상하기도 해요.)

QR 찍고 발음 듣기

# 장(場)이 들어간 낱말 찾기

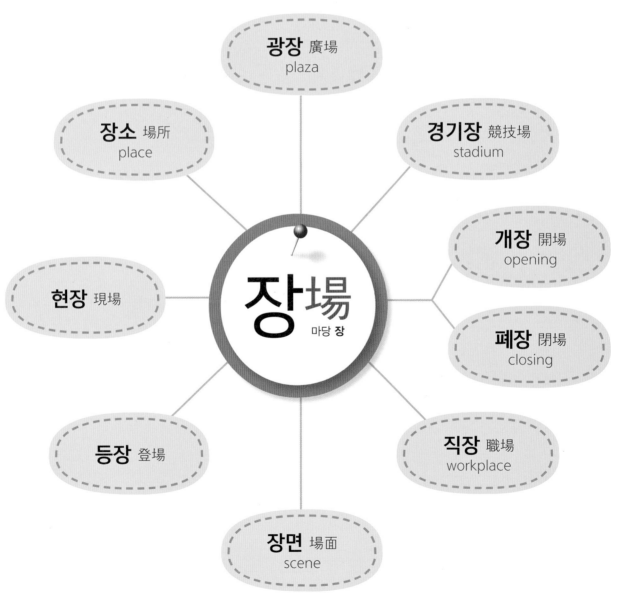

광장 廣場 plaza
장소 場所 place
경기장 競技場 stadium
개장 開場 opening
폐장 閉場 closing
현장 現場
직장 職場 workplace
등장 登場
장면 場面 scene
장場 마당 장

**1** 끝말잇기 놀이를 하려고 해요. 뜻에 알맞은 낱말을 넣어 끝말잇기를 완성해 보세요.

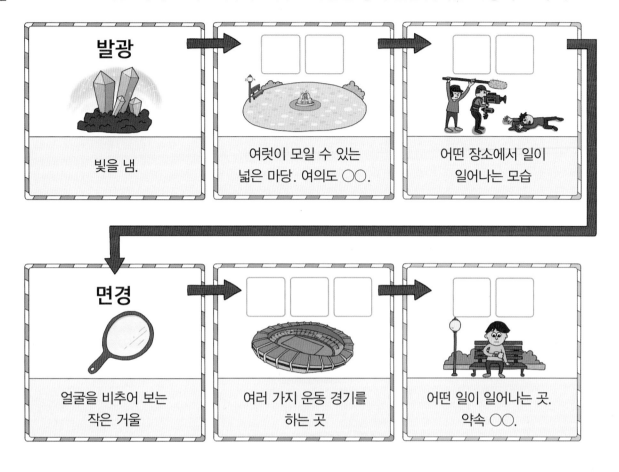

발광
빛을 냄.

여럿이 모일 수 있는
넓은 마당. 여의도 ○○.

어떤 장소에서 일이
일어나는 모습

면경
얼굴을 비추어 보는
작은 거울

여러 가지 운동 경기를
하는 곳

어떤 일이 일어나는 곳.
약속 ○○.

**2** 각 문장의 빈칸에 알맞은 낱말을 **보기**에서 찾아 써 보세요.

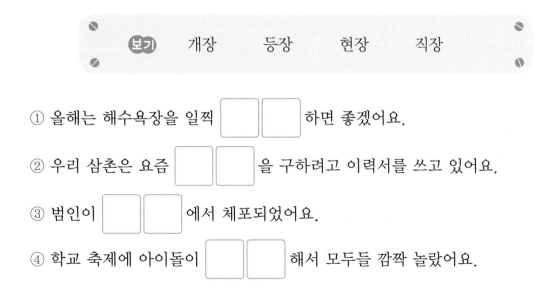

**보기**   개장   등장   현장   직장

① 올해는 해수욕장을 일찍 ☐☐ 하면 좋겠어요.

② 우리 삼촌은 요즘 ☐☐ 을 구하려고 이력서를 쓰고 있어요.

③ 범인이 ☐☐ 에서 체포되었어요.

④ 학교 축제에 아이돌이 ☐☐ 해서 모두들 깜짝 놀랐어요.

## 장소
場(마당 장) 所(바 소)

**장소**는 어떤 일이 일어나는 곳을 뜻해요. 친구와 약속을 할 때 시간과 장소를 정하지요? 이때 '약속 장소'와 같이 써요. 고유어로 '곳', '자리', '터'가 있어요.

## 광장
廣(넓을 광) 場(마당 장)

많은 사람들이 모일 수 있게 만들어 놓은 넓은(넓을 광, 廣) 마당이나 빈터를 **광장**이라고 해요. '대화의 광장'처럼 여러 사람이 뜻을 같이하여 만나거나 모일 수 있는 자리를 뜻하는 말로 쓰기도 해요.

## 경기장
競(다툴 경) 技(재주 기) 場(마당 장)

경기장에 가 본 적이 있나요? **경기장**은 운동 경기를 할 수 있도록 각종 시설과 관람석 등을 만들어 놓은 곳이에요. 경기 종목에 따라 '야구 경기장', '축구 경기장' 등으로 써요.

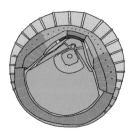

## 개장 / 폐장
開(열 개) 場(마당 장) 閉(닫을 폐)

**개장**이란 극장이나 스케이트장, 해수욕장 등이 문을 열어(열 개, 開) 영업을 시작하는 것을 뜻해요. 반대로 **폐장**은 문을 닫아(닫을 폐, 閉) 영업을 마치는 것을 의미하지요.

## 직장
職(벼슬/직분 직) 場(마당 장)

**직장**은 회사처럼 돈을 벌려고 일하는 곳을 말해요. 직장에 다니는 사람을 '직장인'이라고 하지요. 직장과 같은 말로 '일자리', '일터'가 있어요.

## 장면
場(마당 장) 面(낯 면)

행복한 장면을 떠올려 보세요. 여러분은 어떤 모습을 하고 있나요? 이처럼 **장면**은 어떤 장소에서 어떤 사건이나 일이 일어나는 모습을 뜻해요. 연극이나 영화에서 어떤 한 부분을 나타낼 때도 장면이라고 해요.

## 등장
登(오를 등) 場(마당 장)

**등장**은 공연이나 연설 등을 하기 위해 공연장이나 무대에 오르는(오를 등, 登) 것을 말해요. 소설이나 영화에서 어떤 인물이 나타나는 것도 등장이라고 하지요. '신제품 등장'처럼 어떤 물건이나 사실이 세상에 처음 드러날 때도 써요.

## 현장
現(나타날 현) 場(마당 장)

**현장**은 어떤 일이 생긴(나타날 현, 現) 장소를 가리켜요. 사건이 일어난 장소는 '사건 현장'이라고 하고, 공사장같이 건물을 짓고 있는 장소는 '건설 현장'이라고 하지요.

# 세계의 광장

'광장'은 많은 사람들이 모일 수 있게 만들어 놓은 넓은 공간이에요. 먼 옛날부터 사람들은 광장에 모여 서로 소식을 나누고, 큰 행사나 집회, 재판 등을 열기도 했지요. 그러다 보니 광장은 역사적인 장소가 되기도 했어요. 그럼 역사적인 명소로 알려진 세계의 광장들을 알아볼까요?

## 〈역사를 담은 세계의 광장〉

### 프랑스 바스티유 광장

파리의 바스티유 광장은 지금의 프랑스를 있게 한 역사적인 장소예요. 원래 이곳에는 바스티유 감옥이 있었어요. 1789년, 분노한 시민들이 바스티유 감옥을 습격하면서 프랑스 혁명이 시작되었어요. 이 혁명으로 프랑스 왕조는 무너지고 말았지요. 바스티유 감옥은 철거되었지만 대신 혁명을 기리는 기념탑이 광장에 서 있어요.

### 이탈리아 두오모 광장

피사의 두오모 광장에는 웅장한 대성당을 중심으로 피사의 사탑과 세례당 등이 자리 잡고 있어요. 아름다운 건축물들이 조화롭게 모여 있는 이곳을 '기적의 광장'이라고 부르기도 하지요. 특히 과학자 갈릴레이는 비스듬히 기울어진 피사의 사탑에서 낙하 실험을 하여 '자유 낙하 운동의 법칙'을 발견했답니다.

### 대한민국 광화문 광장

광화문 광장은 경복궁의 정문인 광화문 앞에 넓게 펼쳐져 있어요. 2009년에 새롭게 단장하여 시민에게 개방된 이후, 이곳은 시민들의 휴식 공간뿐 아니라 대규모 행사나 집회 등의 장소로 이용되고 있지요. 지금은 시민들이 모여 자유롭게 의견을 내세우고, 나라의 일에 참여하는 대표적인 광장으로 자리매김하였답니다.

**1** 다음 문장의 빈칸에 알맞은 낱말을 보기에서 찾아 써 보세요.

① 우리 아빠의 ☐☐ 은 은행이에요.

② 연극 무대 위로 귀여운 주인공이 노래를 부르며 ☐☐ 했어요.

③ 봄이 되자 스키장은 ☐☐ 을 했어요.

> 보기  직장  매장  폐장  개장  등장  장면

**2** 채팅 창의 대화를 읽고, 밑줄 친 낱말의 뜻을 ①~④에서 찾아 기호를 써 보세요.

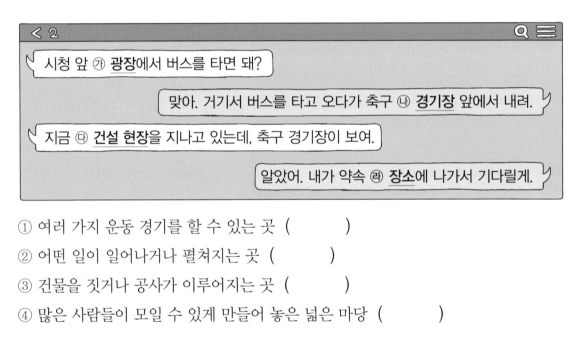

① 여러 가지 운동 경기를 할 수 있는 곳 (          )

② 어떤 일이 일어나거나 펼쳐지는 곳 (          )

③ 건물을 짓거나 공사가 이루어지는 곳 (          )

④ 많은 사람들이 모일 수 있게 만들어 놓은 넓은 마당 (          )

**3** 속뜻짐작 할머니의 물음에 어떻게 답을 할까요? 초성 힌트를 참고하여 빈칸에 알맞은 낱말을 써 보세요.

버스를 어디서 타야 하누?

할머니, 길 건너편에 있는 버스 ㅈ ㄹ ㅈ 에서 기다리셔야 해요.

물건을 사고파는 시장은 그 종류도 다양해요.
어떤 시장이 있는지 영어로 알아볼까요?

# traditional market

market은 물건을 사고파는 '시장'이에요. 예전부터 있어 오던 '재래시장'은 '전통'이라는 뜻을 가진 traditional을 써서 traditional market이라고 해요.

# flea market

'벼룩시장'은 온갖 중고품을 사고파는 시장이에요. 영어로 flea market이라고 해요. flea는 '벼룩'이라는 뜻이지요. 서울 황학동에 있는 풍물 시장이 유명해요.

1주 5일
학습 끝!

붙임 딱지 붙여요.

# night market

night market은 '야시장'이에요. 야시장은 밤에 열리는 시장으로, 주로 음식이나 잡화 등을 팔지요. 우리나라에서 유명한 야시장은 부산 깡통 시장이에요.

# grocery store

grocery store는 우리가 흔히 말하는 '마트'나 '식료품점' 같은 가게를 가리켜요. 생활에 꼭 필요한 물건들을 파는 곳이지요.

# farmers market

farmers market은 농부들이 수확한 농산물을 직접 파는 시장이에요. '직거래 장터'라고 할 수 있는데, 채소나 과일, 음식 등을 파는 작은 가게들이 늘어서 있어요.

QR 찍고 발음 듣기

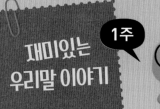

# 어디든 빠지지 않는 '약방에 감초'

안녕! 내 이름은 '감초'라고 해!

짜잔~

나는 콩과에 속해. 약재로 많이 쓰이지.

안녕 친구!

어! 저기 모여 있는 쟤들은, 설마!

까르륵- 까르륵-

각종 한방 약재들

너희들이 여기 모여 있는 걸 보니 한약을 만드는구나?

앗, 감초다!

넌 왜 매번 끼어드는 거야? 좀 빠져!

아야!

탁-

너희들, 후회하게 될걸!

글쎄, 그럴 일이 있을까? 킥킥!

씨익

어 메 롱-

큭큭큭크-

**약방**(약 약 藥, 방 방 房)**에 감초**(달 감 甘, 풀 초 草):
어떤 일이든 빠짐없이 끼어드는 사람을 일컫는 말이에요.

쓰디쓴 한약에 달짝지근한 맛이 나는 감초를 넣으면, 한약을 먹기가 한결 편안해요.

이렇듯 감초는 중요한 약재는 아니지만, 거의 모든 한약에 빠지지 않고 들어가지요.

그래서 어느 자리든 빠지지 않고 참석하는 사람을 두고 '약방에 감초' 같다고 하지요.

한편으로는 어디든 참견하거나 끼어드는 사람을 가리키기도 한답니다.

43

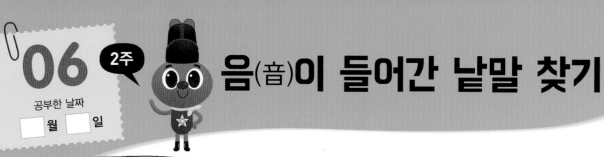

# 음(音)이 들어간 낱말 찾기

06 2주

공부한 날짜

월   일

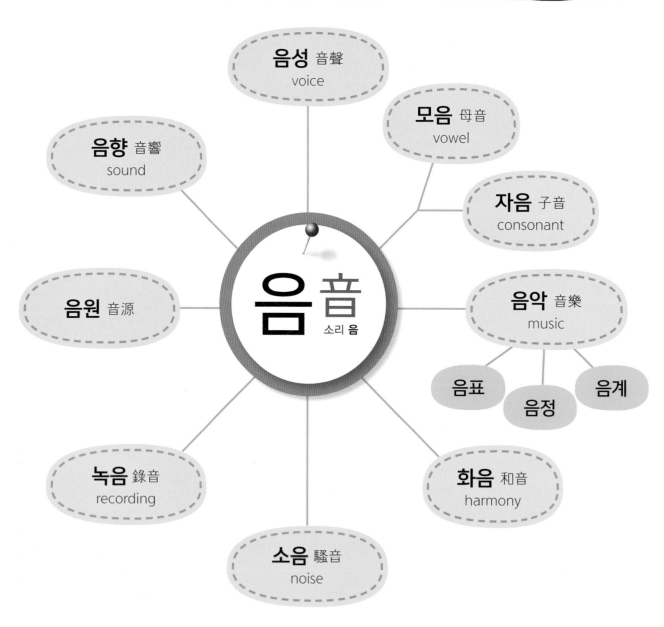

음성 音聲 voice

모음 母音 vowel

음향 音響 sound

자음 子音 consonant

음원 音源

음 音 소리 음

음악 音樂 music

음표

음정

음계

녹음 錄音 recording

화음 和音 harmony

소음 騷音 noise

44

**1** 빈칸에 알맞은 낱말을 찾아 ○ 하세요.

① 으, 노래가 아니라 ☐이야.

방음 　소음 　화음

② ☐이 생생해! 내 옆에 귀신이 있는 것 같아.

걱정 마. 내가 지켜 줄게.

음향 　모음 　음정

③ 아들, 전화로 들으니 아빠랑 ☐이 똑같네.

제 목소리가 그렇게 늙었군요.

음성 　음향 　녹음

④ 내가 좋아하는 가수의 ☐이 나왔어. 들어 봐!

꽥꽥꽥만 하는데?

음표 　자음 　음원

⑤ 내 꿈을 정했어. ☐ 하는 강아지가 될 거야.

어제는 미술 하는 강아지가 될 거라며?

음성 　음계 　음악

⑥ 얘들아, ☐ 좀 맞춰 불러라. 잘 맞추면 간식 쏜다!

와~!

음원 　화음 　음치

## 음향
音(소리 음) 響(소리 향)

극장에 가면 좋은 음향 시설 덕분에 영화를 더 재미있게 볼 수 있지요? **음향**은 물체에서 나는 소리(소리 향, 響)와 울림을 말해요. '음향 기기', '음향 시설' 등과 같이 써요.

## 음성
音(소리 음) 聲(소리 성)

사람들은 저마다 다른 목소리를 가지고 있어요. 이렇게 사람의 말소리나 목소리(소리 성, 聲)를 동물들이 내는 소리와 구분하여 **음성**이라고 해요.

## 모음 / 자음
母(어머니 모) 音(소리 음)
子(아들 자)

**모음**은 ㅏ, ㅑ, ㅓ, ㅕ, ㅜ, ㅠ처럼 입안 어디에도 닿지 않고 그대로 나는 소리로, '홀소리'라고 해요. 반면 **자음**은 ㄱ, ㄴ, ㄷ, ㄹ, ㅁ, ㅂ처럼 목이나 입안 어딘가에서 부딪혀 나는 소리로, '닿소리'라고 하지요. 한글은 모음과 자음으로 이루어져 있어요.

## 음악
音(소리 음) 樂(즐거울 락/악)

**음악**은 목소리나 악기 등으로 감정을 표현하는 예술이에요. 보이지 않는 음악을 나타내기 위해 여러 기호를 사용하는데, 그중 음의 길이와 높이를 나타내는 기호가 바로 '음표'예요. '음정'은 두 음 사이의 거리를 말하고, '음계'는 음을 높이에 따라 차례로 배열한 것을 뜻하지요.

## 화음
和(화할/화목할 화) 音(소리 음)

'화할/화목할 화(和)' 자가 쓰인 화음은 한자 그대로 풀이하면 소리의 화합이라고 할 수 있어요. 높이가 다른 음들이 함께 어우러져 나는 소리를 **화음**이라고 하지요.

## 소음
騒(시끄러울 소) 音(소리 음)

소음 때문에 인상을 찡그렸던 적이 있나요? 이처럼 듣기 싫고, 시끄러운(시끄러울 소, 騒) 소리가 **소음**이에요. 소음은 생활에 피해를 주기 때문에 '소음 공해'라고도 해요.

## 녹음
録(기록할 록/녹) 音(소리 음)

자신의 목소리나 어떤 소리를 기계 장치를 이용해서 기록해 놓는 것을 **녹음**이라고 해요. '기록할 록/녹(録)' 자가 쓰인 녹음은 소리로 남기는 기록이라고 할 수 있지요.

## 음원
音(소리 음) 源(근원 원)

소리가 나기 시작하는(근원 원, 源) 곳을 **음원**이라고 해요. 그런데 최근에는 다른 의미로 많이 사용돼요. 사람들은 연주곡이나 노래 등을 녹음해 두었다가 필요할 때 각종 기기를 이용해 듣곤 하는데, 이렇게 녹음된 곡을 '음원'이라고 하지요.

# 음의 계단, 음계

음악에 사용되는 음을 높이에 따라 차례대로 늘어놓은 것을 '음계'라고 해요. 마치 계단처럼 음이 놓여 있다고 해서 '섬돌 계(階)' 자를 쓰지요. 섬돌은 돌층계를 뜻하거든요. 예를 들어 '도, 레, 미, 파, 솔, 라, 시, 도'는 음이 일정한 간격만큼 차례차례 올라가요. 이것이 바로 서양에서 주로 사용하는 음계이지요. 그런데 동양에서 사용하는 음계는 이것과 달라요. 서양과 동양의 음계는 어떤 차이가 있는지 살펴볼까요?

**〈서로 다른 서양 음계와 동양 음계〉**

| 서양 음계 | 동양 음계 |
|---|---|
|  |  |
| 서양 음악은 '도, 레, 미, 파, 솔, 라, 시'의 7음계를 사용해요. 여기에 반음 올린 '도#, 레#, 파#, 솔#, 라#'를 포함하여 모두 12음계로 구성되어 있어요. 12음계는 피아노 건반을 보면 쉽게 구분할 수 있지요. | 동양 음악은 기본음이 '궁, 상, 각, 치, 우'의 5음계로 되어 있는데, 중국 전통 음악에서 사용했어요. 이를 서양 음계에 비교하면 '도, 레, 미, 솔, 라'가 돼요. 우리 국악은 12율로 구성되어 있지요. |
|  | 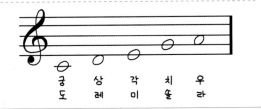 |

동양과 서양의 음계가 다른 이유는 서로 좋아하는 숫자가 다르기 때문이라는 주장도 있어.

서양은 숫자 7을 좋아해서 무지개도 일곱 빛깔 무지개라고 하고, 중국에서는 숫자 5를 좋아해서 오색찬란한 무지개라고 하잖아.

인도의 음악에는 무려 66음계까지 있대.

**1** 밑줄 친 낱말의 뜻을 찾아 선으로 이어 보세요.

공연장은 무엇보다 **음향**이 중요해. •

나는 **음악** 시간이 가장 좋아. •

화가 난 선생님의 **음성**은 무서웠어. •

• 소리로 이루어진 예술

• 모든 소리와 울림

• 사람의 말소리나 목소리

**2** 각 동물의 말을 잘 읽고, 필요 없는 글자에 ✕ 하여 문장을 완성해 보세요.

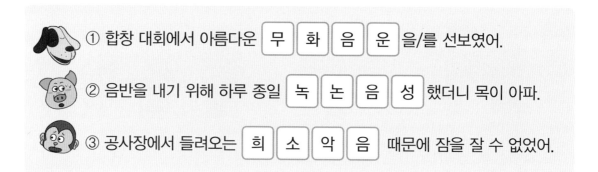

① 합창 대회에서 아름다운 [무] [화] [음] [운] 을/를 선보였어.

② 음반을 내기 위해 하루 종일 [녹] [논] [음] [성] 했더니 목이 아파.

③ 공사장에서 들려오는 [희] [소] [악] [음] 때문에 잠을 잘 수 없었어.

**3** 속뜻짐작 두 사람의 대화를 읽고, 각 번호에 공통으로 들어갈 낱말을 골라 색칠해 보세요.

노래를 할 때 ( ① )이/가 자주 틀려요. 노래를 잘 부르지 못하는 ( ② )인가 봐요.

음의 높낮이를 표현하는 ( ① )은/는 연습을 하면 돼. 선생님이 들어 보니까 너는 ( ② )이/가 아니야.

② 번은 노래를 잘 못하는 사람을 흔히 부르는 말이야.

① [음파] [음정]  ② [음치] [음절]

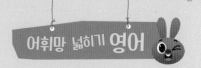

악기는 저마다의 소리로 아름다운 음악을 만들어요.
'악기'는 영어로 musical instrument라고 해요. 다양한 악기 이름을 알아볼까요?

# piano

'피아노'는 희고 검은 건반을 누르면 소리가 나는 건반 악기예요. '웅장한'이라는 뜻의 grand를 붙인 grand piano는 연주회 때 사용하는 큰 피아노를 말해요.

# guitar

'기타'는 보통 여섯 줄로 되어 있고, 줄을 손가락으로 뜯거나 튕겨 소리를 내요. 음높이와 리듬감을 잘 표현하는 현악기예요.

# xylophone

'실로폰'은 두께와 길이가 다른 나무토막을 두 개의 채로 쳐서 소리를 내는 타악기예요.

**2주 l일 학습 끝!**

붙임 딱지 붙여요.

# drum

'드럼'은 타악기 중 하나로, 짧은 원통에 가죽을 대고 두 개 또는 한 개의 채로 쳐서 소리를 내요.

# flute

'플루트'는 옆으로 쥐고 구멍에 바람을 불어넣어서 소리를 내는 관악기예요.

# violin

'바이올린'은 몸통에 줄을 매어 활로 문질러서 소리를 내는 현악기예요.

QR 찍고 발음 듣기

# 특(特)이 들어간 낱말 찾기

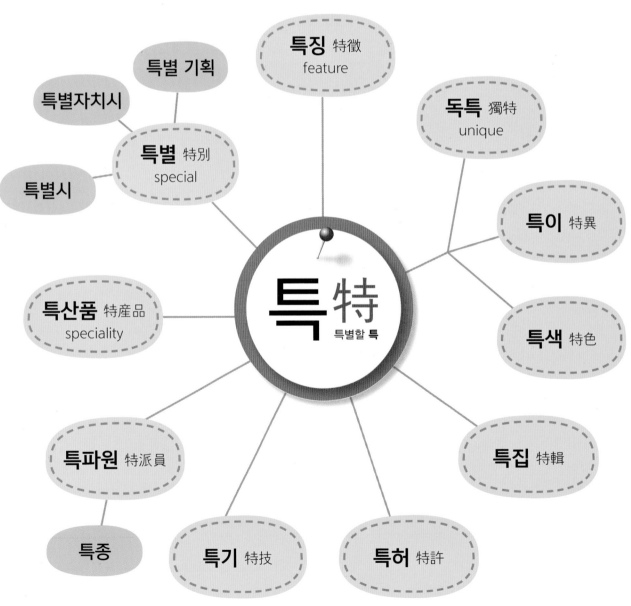

**1** 친구의 생일 선물을 준비했어요. 〈점 잇기 순서〉에 적힌 순서대로 점을 이은 뒤, 생일 선물이 무엇인지 확인해 보세요.

〈점 잇기 순서〉

① 다른 것에 비해 특별히 눈에 띄는 점을 뜻해요.

② 우리나라에는 서울○○○가 있어요.

③ 남들에게는 없는 특별한 기술이나 재주를 가리켜요.

④ 그 지역에서 특별히 생산되는 물품이에요.

⑤ 특별하게 파견된 사람으로, 다른 나라의 소식을 전해요.

⑥ 방송이나 신문, 잡지에서 특별히 관심을 기울여 만든 것이에요.

⑦ 새로운 것을 발명한 사람에게 그 기술을 가질 권리를 주는 것이에요.

⑧ 보통과 다르고 별난 것을 뜻해요.

## 특별
特(특별할 특) 別(다를 별)

**특별**은 보통과 다른 거예요. '저자 시(市)' 자를 더한 '특별시'는 특별한 행정 구역으로, 서울특별시가 있어요. '특별자치시'는 특별한 기능을 하는 지방 자치 단체로, 세종특별자치시가 있지요. 특별하게 기획해 만든 일은 '특별 기획'이라고 해요. '특별 기획 기사', '특별 기획 음반'처럼 써요.

## 특징
特(특별할 특) 徵(부를 징)

똑같은 쌍둥이라도 서로를 구분해 주는 특별한 점이 있어요. 이처럼 **특징**은 다른 것과 달라 특별히 눈에 띄는 점을 뜻해요. 비슷한말인 '특성'은 어떤 것에만 있는 특별한 성질을 말해요.

## 독특 / 특이
獨(홀로 독) 特(특별할 특)
異(다를 리/이)

**독특**은 다른 것과 비교해서 특별하게 다르거나 뛰어날 때 사용하는 낱말이에요. '다를 리/이(異)' 자가 붙은 **특이**는 보통과 다르고 별난 것을 뜻하지요. 보통의 것과 아주 다르거나 특별한 점은 '특색'이라고 해요.

## 특집
特(특별할 특) 輯(모을 집)

텔레비전에서 특집 드라마나 특집 방송을 본 적이 있나요? **특집**은 방송이나 신문, 잡지 등에서 특별한 내용이나 대상에 중점을 두고 만든 것을 일컬어요. 그래서 특집 방송은 정규 방송과 다르답니다.

## 특허
特(특별할 특) 許(허락할 허)

새로운 것을 발명한 사람에게 그 기술을 가질 권리를 주는 것을 **특허**라고 해요. 특허를 주는 곳은 '특허청'이고, 특허를 받은 사람이 가지는 권리는 '특허권'이라고 해요.

## 특기
特(특별할 특) 技(재주 기)

**특기**는 남들에게는 없는 특별한 기술이나 재주(재주 기, 技)를 말해요. 바이올린을 멋지게 연주한다던가 태권도를 잘하는 것 등이 특기가 돼요. 운동이나 미술 등 특별한 재능을 인정받아 진학하는 학생은 '특기생'이라고 해요.

## 특파원
特(특별할 특) 派(물갈래 파)
員(인원 원)

**특파원**은 특별한 임무를 위해 파견된 사람을 뜻해요. 신문사나 잡지사, 방송사 등에서 뉴스를 취재하고 보도하기 위해 외국에 보낸 기자를 주로 가리키지요. '특종'은 한 신문사에서만 단독으로 얻은 중요한 기사라는 뜻이에요.

특파원 토마스였습니다.

## 특산품
特(특별할 특) 産(낳을 산)
品(물건 품)

시장에 가면 어느 지역의 특산품이라고 파는 것들이 있어요. **특산품**은 어떤 지역에서 특별히 나는(낳을 산, 産) 물건(물건 품, 品)이에요. 그래서 그 지역을 대표하는 물건이 보통 특산품이 되지요.

# 각 지역의 특산물

여러분이 사는 고장에서 특별히 나는 특산물이 있나요? 각 지역은 기후나 지형 같은 자연환경이 달라 생산되는 품목도 달라요. 그래서 지역마다 특별히 나는 물건을 '특산물'이라고 해요. 이것을 특별히 좋은 상품으로 만들면 '특산품'이 되지요. 그럼 우리나라의 각 지역은 어떤 특산물과 특산품이 있는지 알아볼까요?

## 〈기후와 지형에 따른 지역의 특산물〉

여주 쌀은 기름진 땅에서 자라 윤기가 좌르르 흘러요!

깨끗한 자연에서 자란 횡성 한우는 맛이 뛰어나요!

울릉도에서는 오징어가 많이 잡혀요. 또 바람이 좋아 오징어가 맛있게 마른답니다.

수백 년 동안 재배해 온 금산 인삼은 품질이 으뜸이에요. 우리 신토불이지요.

영덕 대게는 맛있고 싱싱해요!

전주 한지는 깨끗한 물과 좋은 닥나무로 만들어 최고 품질로 꼽혀요.

통영에서 많이 나는 전복으로 만든 통영 나전 칠기는 400년의 역사를 자랑해요.

햇볕이 좋은 제주에서 나는 감귤은 맛이 뛰어나요.

여주 쌀 / 이천 도자기 / 횡성 한우 / 상주 곶감 / 금산 인삼 / 영덕 대게 / 전주 한지 / 통영 나전 칠기 / 완도 김 / 제주 감귤

**낱말 상식 톡**

'신토불이'는 몸(몸 신, 身)과 땅(흙 토, 土)은 둘(두 이, 二)이 아니고(아니 불/부, 不) 하나라는 뜻으로, 자기가 사는 땅에서 난 농산물이라야 몸에 잘 맞는다는 말이에요. 우리나라 각 지방에서 난 특산물이 우리나라 사람에게는 신토불이가 되지요.

**1** 밑줄 친 부분과 바꾸어 쓸 수 있는 낱말을 찾아 ○ 해 보세요.

> 요즘 아이들은 자신만의 개성이
> 드러나는 **독특한** 옷을 좋아해요.

특색 있는    특기 있는

> 우리 반 학예회 시간에 친구들이
> 동물들의 **특징을** 잘 살려 흉내 냈어요.

특성을    특집을

**2** 빈칸에 공통으로 들어갈 글자를 넣어, 그림과 관련 있는 낱말을 완성해 보세요.

□ 파 원

□ 산 품

**3** 속뜻짐작 그림에서 지워진 낱말을 보기 에서 찾아 써 보세요.

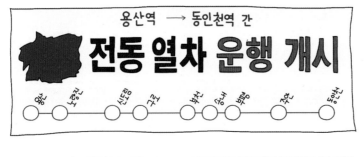

보기    특유    특급    특혜

보통 열차보다
특별히 급히 가는
열차를 가리키는
말이야.

□ □

보통과 다르거나 뛰어난 것을 '특별하다'고 하지요?
특별한 것을 나타내는 영어 표현을 알아볼까요?

# special effect

특별함을 나타내는 영어로는 special이 있어요. 여기에 '효과'나 '결과'라는 뜻의 effect가 합쳐진 special effect는 '특수 효과'를 가리켜요. 흔히 영화에서 폭발 장면 등을 현실감 있게 표현할 때 사용하지요.

# special edition

'특별판'은 보통 가수들이나 작가들이 특별히 만든 음반이나 책을 가리키는데, 이를 special edition이라고 해요. 한편 일부러 판매 부수를 적게 생산하는 '한정판'은 limited edition이라고 하지요.

2주 2일
학습 끝!

붙임 딱지 붙여요.

# specialist

어떤 분야를 연구하거나 그 일을 오래해서 그 분야에 지식과 경험이 많은 사람, 즉 '전문가'를 specialist라고 해요.

# special agent

special agent는 '특수 요원'을 가리켜요. 영화에서 자주 등장하는 특수 요원은 특별한 임무를 맡아 활동하는 사람이지요.

QR 찍고 발음 듣기

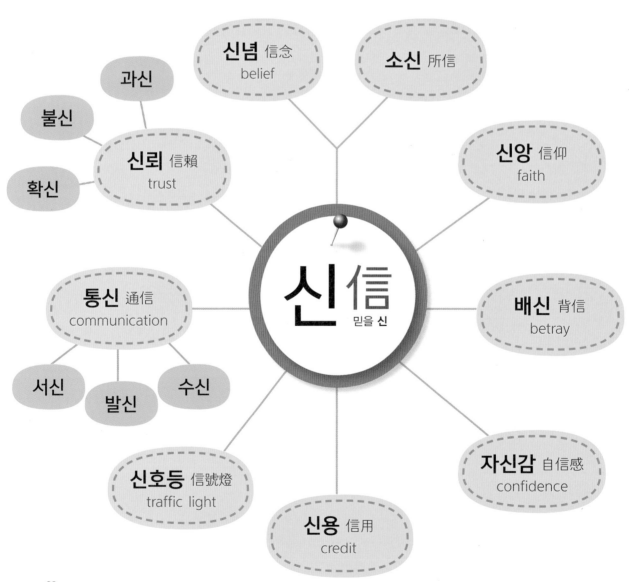

'신(信)' 자에는 신뢰처럼 '믿는다'라는 뜻과 통신처럼 '소식'이라는 뜻이 있어요.

**1** 사다리를 타고 가서 각 낱말의 번호를 확인하고, 아래 팻말에서 알맞은 뜻풀이를
찾아 낱말 번호를 써 보세요.

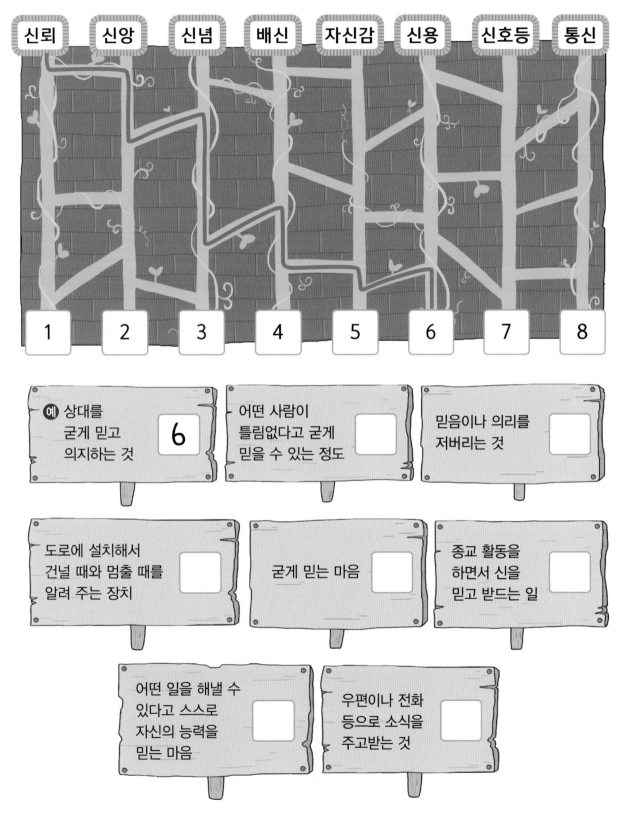

신뢰  신앙  신념  배신  자신감  신용  신호등  통신

1  2  3  4  5  6  7  8

(예) 상대를 굳게 믿고 의지하는 것 — 6

어떤 사람이 틀림없다고 굳게 믿을 수 있는 정도 — ☐

믿음이나 의리를 저버리는 것 — ☐

도로에 설치해서 건널 때와 멈출 때를 알려 주는 장치 — ☐

굳게 믿는 마음 — ☐

종교 활동을 하면서 신을 믿고 받드는 일 — ☐

어떤 일을 해낼 수 있다고 스스로 자신의 능력을 믿는 마음 — ☐

우편이나 전화 등으로 소식을 주고받는 것 — ☐

## 신뢰
信(믿을 신) 賴(힘입을 뢰/뇌)

상대를 굳게 믿고 의지하는(힘입을 뢰/뇌, 賴) 것을 **신뢰**라고 해요. '확신'은 굳게 믿는 마음을 뜻하고, 믿지 못하는 것은 '불신'이라고 하지요. 반면에 지나치게 믿는 것은 '과신'이라고 해요.

## 신념 / 소신
信(믿을 신) 念(생각 념/염)
所(바 소)

**신념**은 굳게 믿는 마음이에요. '신념이 강하다.', '신념이 흔들리다.' 등으로 쓰지요. **소신**은 평생에 스스로 굳게 믿거나 생각해 오던 것을 말해요. '소신을 굽히지 않다.'와 같이 써요.

## 신앙
信(믿을 신) 仰(우러를 앙)

**신앙**은 종교나 신을 믿고 받드는(우러를 앙, 仰) 마음을 가리켜요. 절에 다니거나 교회, 성당 등에 다니는 사람들(사람 인, 人)을 '신앙인'이라고 해요.

## 배신
背(등 배) 信(믿을 신)

**배신**은 '등 배(背)' 자가 합쳐져 '믿음에 등을 돌린다'는 말로 믿음을 저버리는 것을 뜻해요. 배신하는 사람은 '사람 자(者)' 자를 써서 '배신자'라고 해요.

## 자신감
自(스스로 자) 信(믿을 신)
感(느낄 감)

**자신감**은 어떤 일을 해낼 수 있다고 스스로(스스로 자, 自) 자신의 능력을 믿는 마음이에요. '자신감이 넘치다', '자신감을 잃다.' 등으로 써요.

## 신용
信(믿을 신) 用(쓸 용)

**신용**은 어떤 사람을 믿고 의심하지 않는 거예요. 그런 믿음으로 사용하는 것이 '신용 카드'예요. 물건을 사고 신용 카드를 쓰면, 카드 회사가 물건값을 대신 내 주어요. 그 사람이 결제일에 물건값을 갚을 거라고 믿기 때문이지요.

## 신호등
信(믿을 신) 號(이름 호)
燈(등잔 등)

도로에 설치하여 녹색, 빨간색, 노란색의 불이 켜지며 건널 때와 멈출 때를 알려 주는 장치를 **신호등**이라고 해요. 모두의 안전을 위해 신호등을 잘 지켜야 해요.

## 통신
通(통할 통) 信(믿을 신)

우편이나 전신, 전화 등으로 소식을 주고받는 것을 **통신**이라고 해요. 이때는 '신(信)' 자가 소식의 의미를 갖고 있어요. 여기에 '글 서(書)' 지를 더한 '서신'은 소식을 전하는 편지예요. 편지를 보내는 것은 '발신'이라고 하고, 편지를 받는(받을 수, 受) 것은 '수신'이라고 하지요.

# 통신 수단의 변화

요즘에는 전화나 전자 우편 등을 이용해 손쉽게 소식을 주고받아요. 이렇게 소식을 주고받는 것을 '통신'이라고 하지요. 그런데 옛날에는 멀리 떨어진 사람끼리 어떻게 통신을 했을까요? 사람이 직접 찾아가서 소식을 전하기도 했지만, 당시에도 나름의 통신 방법이 있었답니다. 그럼 옛날과 오늘날의 통신 수단을 비교하면서, 통신 수단이 얼마나 발전했는지 확인해 볼까요?

## 〈옛날의 통신 방법〉

옛날에는 나팔을 크게 불거나 북을 쳐서 소식을 알렸어요.

긴급한 사태가 일어나면 봉수대에 연기를 피워 알렸어요.

말을 타거나 사람이 직접 뛰어가서 문서를 전달하는 파발도 있었어요.

## 〈오늘날의 통신 방법〉

우체국을 이용해 편지를 주고받아요.

전화로 소식을 전하거나 또 문자 메시지를 주고받기도 해요.

인터넷으로 전자 우편을 보내 어디든 빠르게 소식을 전할 수 있어요.

최근 통신 수단이 발달하면서, 통신과 관련된 외국어를 많이 쓰고 있어요. 이런 낱말도 우리말로 순화해서 사용하면 더 좋겠지요? 예를 들어, '내비게이션'은 '길도우미'로, '이메일'은 '전자 우편'으로, '스팸 메일'은 '쓰레기 편지'로, '네티즌'은 '누리꾼'으로, '이모티콘'은 '그림말'로 바꾸어 쓸 수 있어요.

**1** 다음 낱말 중 '신(信)' 자가 '믿는다'는 뜻으로 쓰이면 파란색으로, '소식'이라는 뜻으로 쓰이면 빨간색으로 칠해 보세요.

'믿는다'의 뜻은 파란색!

| 확신 | 발신 | 통신 |
| 서신 | 신앙 | 소신 |

'소식'의 뜻은 빨간색!

**2** ㉠~㉢에 들어갈 낱말을 바르게 짝지은 것을 찾아보세요. (　　　)

내 떡, 네가 먹었지? 내가 너를 얼마나 ㉠ 했는데 어떻게 날 ㉡ 할 수가 있니?

내 ㉢ 은 거짓말을 하지 않는 거야! 그러니 내 말을 믿어 줘. 정말 쥐가 물어 갔다고!

① ㉠ 신념, ㉡ 자신감, ㉢ 배신　　② ㉠ 신뢰, ㉡ 자신감, ㉢ 불신

③ ㉠ 신념, ㉡ 배신, ㉢ 신앙　　④ ㉠ 신뢰, ㉡ 배신, ㉢ 신념

**3** 속뜻짐작 다음 설명을 읽고, 빈칸에 들어갈 글자를 찾아 선으로 이어 보세요.

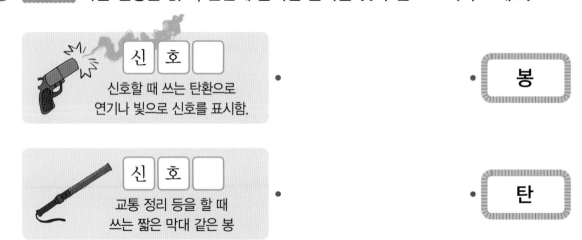

신 호 □
신호할 때 쓰는 탄환으로 연기나 빛으로 신호를 표시함.

봉

신 호 □
교통 정리 등을 할 때 쓰는 짧은 막대 같은 봉

탄

멀리 있는 사람과 소식이나 이야기를 나누려면 통신 수단이 필요해요.
통신 수단을 나타내는 영어에는 어떤 것이 있는지 알아볼까요?

# mail

mail은 '우편'이란 뜻이에요. 우편은 편지나 카드를 전달하는 일을 가리키지요. 우편물을 배달하는 사람, 즉 '우편배달원'은 mail carrier라고 한답니다.

# Internet

컴퓨터를 통해 전 세계를 하나로 연결해 주는 통신망을 Internet(인터넷)이라고 해요. '전자 우편'을 뜻하는 e-mail도 인터넷이 있어 가능하지요.

2주 3일
학습 끝!

붙임 딱지 붙여요.

# telephone

telephone은 우리가 통신 기기로 가장 많이 사용하는 '전화'예요. tele를 빼고 phone이라고 쓸 수도 있어요. '전화로 이야기하다'는 talk on the phone이라고 해요.

# cellphone

cellphone은 '휴대 전화'예요. 요즘은 통화는 물론 인터넷 접속, 사진 찍기, 음악 듣기 등 다양한 기능을 가진 스마트폰(smartphone)을 많이 써요. smart는 '똑똑하다'는 뜻이지요.

QR 찍고 발음 듣기

공부한 날짜
☐ 월 ☐ 일

# 전(戰)이 들어간 낱말 찾기

작전 作戰
strategy

전투 戰鬪
combat

승전 勝戰
victory

실전 實戰
actual fight

패전 敗戰

전 戰
싸움 전

휴전 休戰

도전 挑戰
challenge

종전 終戰

냉전 冷戰
Cold War

반전 운동
反戰 運動

내전 內戰
civil war

세계 대전 世界 大戰
World War

62

**1** 견우와 직녀를 만나게 해 주세요. 다음의 뜻풀이를 읽고, 설명하는 낱말 쪽으로 길을 따라가면 견우가 직녀를 만날 수 있어요.

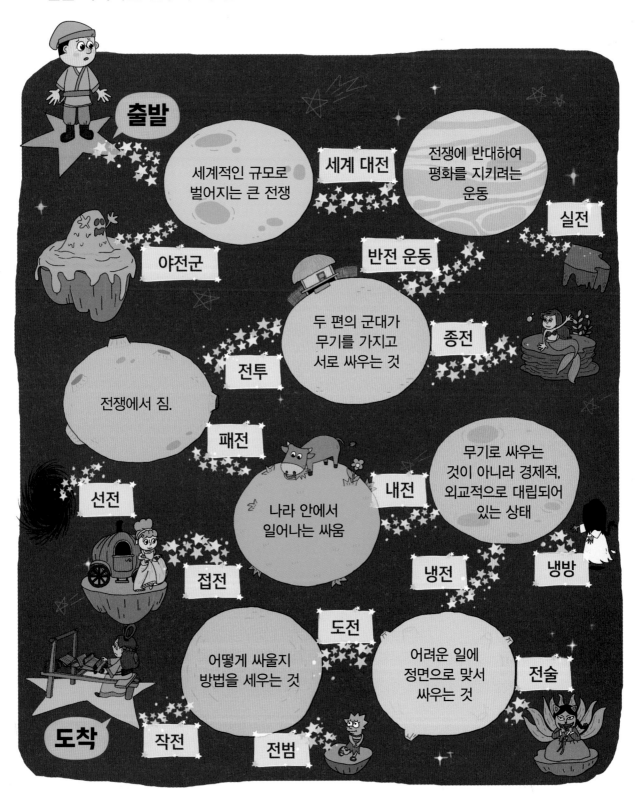

63

### 전투
戰(싸움 전) 鬪(싸울 투)

**전투**는 두 군대가 무기를 가지고 맞서 싸우는 거예요. 비슷한말로 '다툴 쟁(爭)' 자를 쓰는 '전쟁'과 '어지러울 란/난(亂)' 자를 쓰는 '난리'가 있지요. '난리'는 전쟁 등으로 세상이 어지러워진 상태를 뜻하기도 해요.

### 작전
作(지을 작) 戰(싸움 전)

경기 또는 싸움을 진행하는 방법을 정하거나 어떤 일을 이루기 위해 계획을 짜는 것을 **작전**이라고 해요. 비슷한말로 '간략할 략/약(略)' 자를 더한 '전략'이 있어요.

### 승전 / 패전
勝(이길 승) 戰(싸움 전)
敗(패할 패)

전쟁에서 이기면(이길 승, 勝) **승전**이라고 하고, 전쟁에서 지면(패할 패, 敗) **패전**이라고 해요. '휴전'은 남한과 북한처럼 전쟁을 잠시 쉬는(쉴 휴, 休) 것이고, '종전'은 전쟁을 끝내는(마칠 종, 終) 거예요.

### 반전 운동
反(돌이킬 반) 戰(싸움 전)
運(움직일 운) 動(움직일 동)

**반전 운동**은 전쟁에 반대하는 운동이에요. 전쟁을 강력히 반대하고 평화를 지키려는 반전 운동은 제2차 세계 대전을 끝내는 데 큰 역할을 했어요.

### 세계 대전 / 내전
世(세상 세) 界(지경 계) 大(큰 대)
戰(싸움 전) 內(안 내)

세계의 여러 나라가 관계되어 벌이는 큰 규모의 전쟁을 **세계 대전**이라고 해요. 지금까지 제1차 세계 대전과 제2차 세계 대전이 있었어요. **내전**은 나라 안(안 내, 內)에서 일어나는 싸움을 뜻해요.

### 냉전
冷(찰 랭/냉) 戰(싸움 전)

**냉전**은 무기를 들고 맞붙어서 싸우지는 않지만 정치나 경제, 외교 등의 분야에서 서로 등을 돌리고 대립하는 거예요. 제2차 세계 대전 이후 미국과 소련을 중심으로 한 자본주의와 공산주의의 대립을 예로 들 수 있어요.

### 도전
挑(돋울 도) 戰(싸움 전)

무언가에 도전해 성공해 본 적이 있나요? **도전**은 어려운 일에 정면으로 맞서 싸우는 것을 뜻해요. 정면으로 맞서 싸우는 사람은 '도전자'라고 해요.

백만 스물하나, 백만 스물둘….

### 실전
實(열매 실) 戰(싸움 전)

실제로 싸우는 것을 **실전**이라고 해요. 이 낱말은 전투에서뿐 아니라 실제 생활 속에서도 흔히 사용해요. '실전에 강하다.'는 실제 벌어질 상황에 강하다는 의미예요.

# 6.25 전쟁의 아픈 역사

1950년 6월 25일, 북한군이 쳐들어와 한반도에 전쟁이 터졌어요. 당시 남한은 전쟁 대비를 하지 못한 상태였기에 북한군의 공격에 속수무책으로 밀려났지요. 이후 남한은 유엔군의 도움을, 북한은 중공군의 도움을 받아 치열하게 싸우다가, 1953년에야 휴전 협정을 맺었어요. 이 전쟁으로 한반도는 폐허로 변했고, 수많은 고아와 이산가족이 생겨났지요. 그 당시의 사진을 보면서 참혹한 전쟁의 모습을 알아보아요.

전쟁이 터지자 피란을 떠나면서 가족과 헤어져 찾지 못하는 이산가족과 고아가 생겼어요.

15~17세의 어린 학생들도 소년병이란 이름으로 전쟁터에 나가 싸웠어요.

수많은 피란민이 낙동강 아래로 몰리면서 천막촌이 생기기도 했어요.

폭격으로 많은 사람들이 죽고, 도로, 철도, 다리 등과 같은 주요 시설물이 파괴되었어요.

'피난'과 '피란'은 비슷한말처럼 보이지만, 그 뜻이 조금 달라요. '피난'은 재난(어려울 난/란, 難)을 피해 멀리 가는 것이고, '피란'은 전쟁 같은 난리(어지러울 란/난, 亂)를 피해 멀리 가는 거예요. 그래서 전쟁을 피해 고향을 떠나는 사람들을 '피란민'이라고 하지요. 물론 전쟁도 재난의 하나이기 때문에 '피난'이라고 해도 틀린 말은 아니에요.

**1** 다음 글을 읽고, 빈칸에 알맞은 낱말과 뜻풀이를 찾아 선으로 이어 보세요.

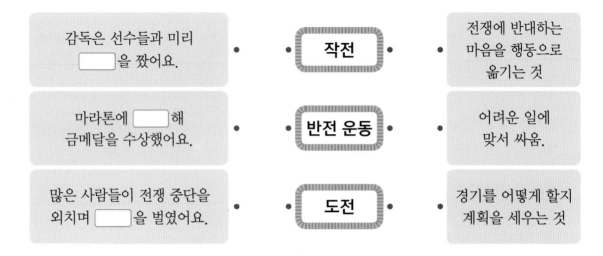

감독은 선수들과 미리 ☐을 짰어요.

마라톤에 ☐해 금메달을 수상했어요.

많은 사람들이 전쟁 중단을 외치며 ☐을 벌였어요.

작전

반전 운동

도전

전쟁에 반대하는 마음을 행동으로 옮기는 것

어려운 일에 맞서 싸움.

경기를 어떻게 할지 계획을 세우는 것

**2** 다음 글을 읽고 ( )에서 알맞은 낱말을 골라 ○ 하세요.

우리 군인이 전투에서 이겼다는 ( **승전** / **패전** ) 소식이 들려왔어.

남한과 북한은 잠시 전쟁을 멈춘 ( **전투** / **휴전** ) 상태야.

연습도 ( **냉전** / **실전** )처럼 열심히 하자.

**3** 속뜻짐작 빈칸에 공통으로 들어갈 낱말을 골라 색칠해 보세요.

월드컵에서 태극 ☐들이 세계 최강 독일을 이겼어요!

우리나라가 잘살게 된 건 나처럼 일터에서 묵묵히 일하는 산업 ☐가 있기 때문이란다.

군사

전사

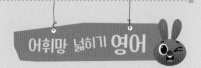 

전쟁은 모든 사람을 불행하게 하기 때문에 일어나서는 안 돼요.
전쟁과 관련된 영어 단어에는 어떤 것들이 있는지 알아볼까요?

# soldier

'군인'은 영어로 soldier라고 해요. 군인들은 전쟁에 나가 싸울 때 각자 맡은 역할이 달라요. 그래서 역할에 따라 다르게 부르는데, '육군'은 army, '해군'은 navy, '공군'은 air force라고 해요. 또 '해병대'는 Marine Corps, 특별 임무를 맡는 '특수 부대'는 special forces라고 부르지요.

**2주 4일
학습 끝!**

붙임 딱지 붙여요.

# weapon

weapon은 군인들이 사용하는 '무기'를 가리켜요. 군인들이 꼭 가지고 있어야 하는 '총'은 gun이에요. 그밖에 '대포'는 cannon, '기관총'은 machine gun, '전투기'는 fighter, '권총'은 pistol이라고 해요.

# battle

war는 '전쟁'을 뜻하고, battle은 '전투'를 가리켜요. 전투는 두 편의 군대가 무기를 가지고 조직적으로 싸우는 것을 의미하지요. '총격전'은 gun battle이라고 해요.

QR 찍고 발음 듣기

# 화(畵)가 들어간 낱말 찾기

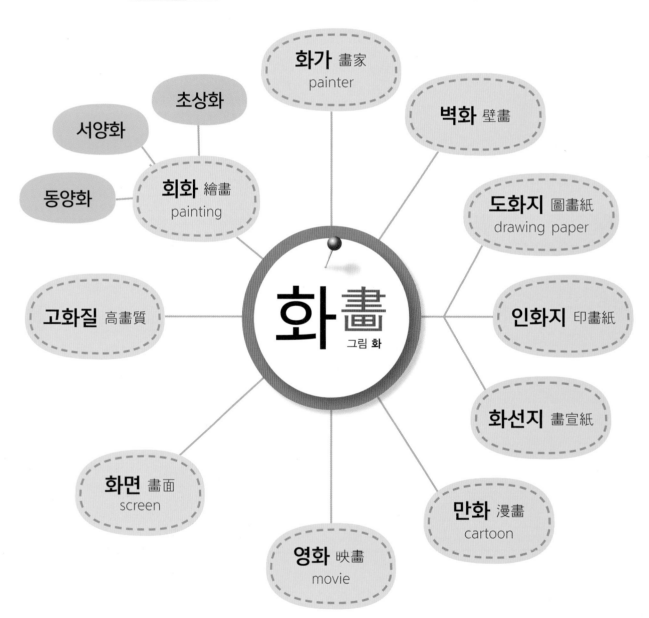

화가 畵家
painter

초상화

서양화

동양화

회화 繪畵
painting

벽화 壁畵

도화지 圖畵紙
drawing paper

인화지 印畵紙

고화질 高畵質

화 畵
그림 화

화선지 畵宣紙

화면 畵面
screen

영화 映畵
movie

만화 漫畵
cartoon

68

1 친구들이 자신의 꿈에 대해 발표하고 있어요. 지워진 부분에 알맞은 낱말을 오른쪽에서 찾아 ○ 하세요.

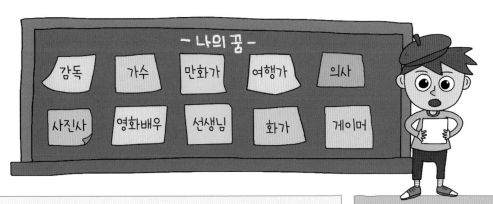

 나는 그림을 그리는     이/가 꿈이에요.

**화가 / 화면 / 화선지**

 나는 8살 때 극장에서     을/를 본 후 영화감독이라는 꿈이 생겼어요.

**연극 / 회화 / 영화**

 내 꿈은 가수예요. 텔레비전     에 나오는 내 모습을 상상만 해도 설레요.

**화면 / 벽화 / 그림**

 익살스러운 그림에 재미난 이야기로 가득 찬     을/를 그리고 싶어요.

**초상화 / 만화 / 고화질**

 나는 여행가가 꿈이에요. 어제는 벽에 그림을 그려 유명해진     마을에 갔어요.

**동양화 / 서양화 / 벽화**

 얼마 전 내가 찍은 사진을     에 뽑았는데, 참 신기했어요. 내 꿈은 사진사예요.

**도화지 / 화선지 / 인화지**

69

### 회화
繪(그림 회) 畵(그림 화)

**회화**는 선이나 색으로 평평한 곳에 그림을 그려 나타내는 미술이에요. 동양에서 발달한 그림은 '동양화', 서양에서 발달한 그림은 '서양화'라고 해요. 또 사람 얼굴을 중심으로 그린 그림은 '초상화'라고 하지요.

### 화가
畵(그림 화) 家(집 가)

그림을 그리는 직업을 가진 사람을 **화가**라고 해요. 화가를 높이는 말로는 '그림 화(畵)' 자와 '맏 백(伯)' 자를 합한 '화백'이 있어요.

### 벽화
壁(벽 벽) 畵(그림 화)

벽에 그려진 멋진 그림을 본 적이 있나요? 이런 그림을 '벽 벽(壁)' 자를 써서 **벽화**라고 해요. 보통 동굴, 무덤, 건물과 같은 곳에 그리지요.

### 도화지 / 인화지
圖(그림 도) 畵(그림 화)
紙(종이 지) 印(도장 인)

종이는 쓰임에 따라 종류가 다양해요. 그림(그림 도, 圖)을 그릴 때 쓰는 종이는 **도화지**이고, 사진이 나타나게 할 때 쓰는 종이는 **인화지**예요. 동양화를 그리거나 붓글씨를 쓸 때 사용하는 종이는 '화선지'이지요.

### 만화
漫(물 질펀할 만) 畵(그림 화)

**만화**는 연속적인 칸에 순서대로 그림을 그리고, 대화를 넣어 표현한 거예요. 보통 대상을 과장하거나 단순하게 그리고 익살스럽게 표현하기 때문에 내용을 쉽고 재미있게 이해할 수 있지요. 딱딱한 내용도 만화로 표현하면 읽기가 쉬워요.

### 영화
映(비칠 영) 畵(그림 화)

촬영기로 움직이는 대상을 촬영한 다음, 큰 화면에 비춰(비칠 영, 映) 영상을 보여 주는 것을 **영화**라고 해요. 영화를 볼 수 있도록 시설을 갖추어 놓은 곳은 '영화관'이지요.

### 화면
畵(그림 화) 面(낯 면)

**화면**은 그림을 그린 면을 의미하지만, 요즘에는 텔레비전이나 컴퓨터 등에서 사진이나 영상이 나타나는 면을 더 많이 가리켜요. '화면이 선명하다.' 또는 '화면이 크다.' 등으로 쓰지요.

### 고화질
高(높을 고) 畵(그림 화) 質(바탕 질)

**고화질**은 텔레비전이나 스마트폰 등의 화면이나 그림의 바탕(바탕 질, 質)이 선명하고 또렷한 것을 말해요. '고화질 텔레비전', '고화질 영상' 등으로 쓰지요.

# 서민들의 그림, 민화

'민화'는 조선 후기에 일반 서민들(백성 민, 民) 사이에서 크게 유행하던 그림이에요. 주로 이름이 알려지지 않은 화가들이나 그림 솜씨가 있는 일반 서민들이 그린 그림으로, 서민들의 생활 모습이나 풍속 등을 주제로 삼고 있지요. 그래서 도화서 화원이나 전문적인 화가의 그림과 달리 소박하고 서민적인 정서가 담뿍 담겨 있답니다. 특히 민화는 같은 주제의 그림을 여러 사람이 모방하여 그렸기 때문에 비슷한 그림이 많아요. 그래서 누가 그렸는지 모르는 경우가 대부분이지요. 이러한 민화는 주로 자손의 번창이나 부귀영화, 장수 등을 상징하는 동식물이나 물건 등을 단골 소재로 삼고 있어요. 당시 서민들은 예술적인 감상보다는 복을 빌거나 불길한 기운을 막기 위해 집 안에 민화를 걸어 두는 경우가 많았기 때문이지요.

옛날 사람들은 민화가 행복을 가져다주거나 나쁜 기운을 막아 준다고 믿었어. 그래서 집집마다 민화를 벽에 걸어 놓거나 문에 그리기도 했지.

민화에 가장 흔히 나오는 동물 그림은 까치와 호랑이예요. 그 밖에 닭, 개, 뱀, 물고기 등도 그렸어요.

'도화서'란, 조선 시대에 나라에 필요한 그림을 그리고(그림 도, 圖) 보관하는 일을 맡아 하던 관청(관청 서, 署)이에요. 비디오나 사진이 없던 시절에는 글로만 자료를 남길 수 없어서 그림으로 그려 함께 보관했거든요. '화원'은 이런 도화서에 소속되어 그림을 그리는 사람들에게 주던 벼슬 이름이지요. 조선 후기에 풍속화로 유명한 단원 김홍도가 바로 도화서 화원이었어요.

**1** 다음 설명에 어울리는 낱말을 넣어 끝말잇기를 해 보세요.

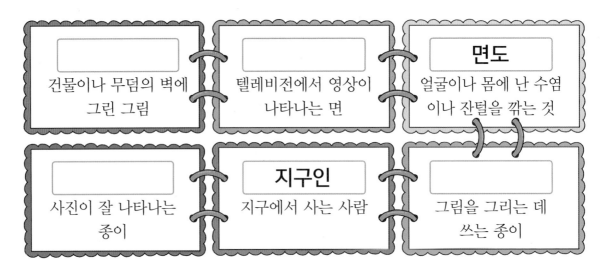

| | | 면도 |
|---|---|---|
| 건물이나 무덤의 벽에 그린 그림 | 텔레비전에서 영상이 나타나는 면 | 얼굴이나 몸에 난 수염이나 잔털을 깎는 것 |
| 사진이 잘 나타나는 종이 | 지구인 지구에서 사는 사람 | 그림을 그리는 데 쓰는 종이 |

**2** 밑줄 친 부분의 글자들을 바르게 배열하여, 빈칸에 알맞은 낱말을 써 보세요.

이 텔레비전은 **화질고**이라 영상이 아주 선명해요. ➡ ☐☐☐

주말에는 온 가족이 극장에 가서 **화영화만**를 보았어요. ➡ ☐☐☐☐

**3** 속뜻 짐작 다음 대화를 읽고, 빈칸에 공통으로 들어갈 낱말을 찾아 ○ 하세요.

난 〈이상한 나라의 앨리스〉를 가장 좋아해. 이야기도 재미있지만 ☐를 보면 저절로 웃음이 나거든.

맞아. 책의 ☐는 내용을 잘 이해할 수 있도록 이야기 사이사이에 넣어서 그림만 보아도 재미있어.

삽화 　　　 수묵화 　　　 정물화

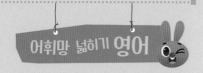

그림에는 다양한 종류가 있어요.
그림을 그릴 때 사용하는 영어를 알아볼까요?

# drawing

drawing은 '색칠하지 않은 그림'을 뜻해요. 연필로 그린 '연필화'는 pencil drawing, 목탄으로 그린 '목탄화'는 charcoal drawing이라고 해요.

# sketch

sketch는 색칠하기 전에 모양을 간추려 그린 그림이에요. drawing과 비슷한 의미로 쓰이지요.

# sketchbook

그림을 그릴 수 있게 도화지를 여러 장 모은 책을 스케치북(sketchbook)이라고 해요. '도화지'는 drawing paper 라고 하지요.

2주 5일
학습 끝!

붙임 딱지 붙여요.

# design

design은 '디자인'을 뜻해요. 다양한 분야에서 많이 사용하는 낱말로, 무언가를 설계하거나 도안할 때 써요.

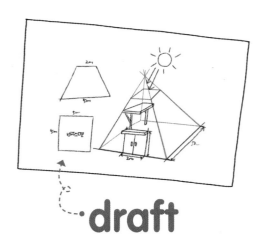

# draft

draft는 원고를 쓰기 위해 처음에 잡아 놓은 '초안'을 뜻하지만, 미술에서는 '제도 연필을 사용하다'라는 의미를 갖고 있어요. 그림의 초안을 잡는 것을 뜻하지요.

QR 찍고 발음 듣기

재미있는
우리말 이야기

2주

# 물러설 수 없는 '배수진'

중국 한나라의 이름난 장수, 한신이 조나라를 공격할 때의 일이었어요.

공격하라!!

와!

와!

와!

뜻하지 않게 조나라 군사에게 쫓기게 된 한신은 최후의 방법을 생각했어요.

더 이상 도망갈 길이 없습니다!

뒤에는 강입니다.

음,

그렇다면…….

강 앞에 '배수진'을 쳐라!

네?

'배수진'은 강을 등지고 치는 진으로, 한신의 병사들은 물러설 길이 없었어요.

착-착-착-착

?!!

응?

어허! 도망갈 길이 없는 진법을 쓰다니, 어리석군!

조나라 장수

74

**배수진**(등 배 背, 물 수 水, 진 칠 진 陣):
어떤 일을 이루기 위해 더 이상 물러설 수 없는 것을 일컫는 말이에요.

한 발짝이라도 물러서면 강물에 빠져 죽게 된다.

콸콸콸~

후퇴하다가 강물에 빠져 죽을 것이냐? 죽기를 각오하고 싸울 테냐?

죽을 각오로 싸우겠습니다!

와!

와!

한신의 군대는 이를 악물고 용감히 싸웠고,

이야아압!!!

결국 한신의 군대가 승리했어요.

와아아!!

그래서 오늘날 '배수진'은 어떤 일을 이루기 위해 더 이상 물러설 수 없는 것을 비유하는 말로 쓰이고 있답니다.

잠들면 내일 시험은 끝장이다! 잠을 안 자기 위해 어떤 위험도······.

찰랑.

찰랑.

75

contents

토닥이와 함께
파이팅!

# PART 2

PART2에서는 상대어나 주제어를 중심으로
관련이 있는 낱말들을 연결해서 배워요.

# 화(和)와 전(戰) 비교하기

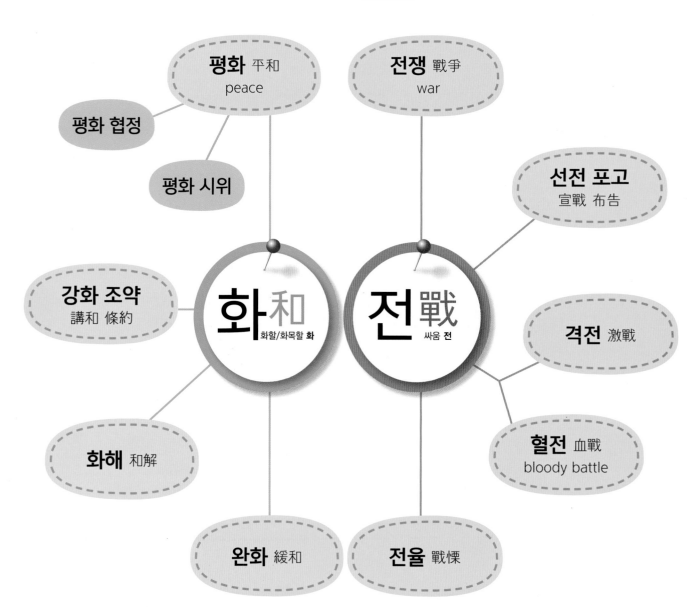

평화 平和
peace

전쟁 戰爭
war

평화 협정

평화 시위

선전 포고
宣戰 布告

강화 조약
講和 條約

화 和
화할/화목할 화

전 戰
싸움 전

격전 激戰

혈전 血戰
bloody battle

화해 和解

완화 緩和

전율 戰慄

**1** 각 낱말에 '사이좋게 지내다'라는 뜻이 있으면 빨간색, '싸우다'라는 뜻이 있으면 파란색으로 칠해 보세요.

완화　　　평화　　　전쟁

격전　　　　　　　선전 포고

사이좋게 지내다　　　싸우다

화해　　　혈전　　　평화 협정

**2** 다음 대화를 읽고, 빈칸에 들어갈 낱말을 아래에서 찾아 ○ 하세요.

네가 같이 영화 보자고 했을 때 나도 그랬지.

너무 무서워서 온몸에 □이/가 왔어.

또 우리 곡식을 쪼아 먹으면 가만두지 않겠어.

지금 □을/를 하는 거야?

완화　화해　전율

선전 포고　평화 협정　격전

79

## 평화 vs 전쟁
平(평평할 평) 和(화할/화목할 화)
戰(싸움 전) 爭(다툴 쟁)

다툼이나 갈등 없이 평온한 상태를 **평화**라고 하고, 반대로 두 나라나 집단이 다투는(다툴 쟁, 爭) 것을 **전쟁**이라고 해요. 그래서 전쟁을 하던 두 나라가 싸움을 멈추고 평화롭게 지내기로 약속하는 것을 '평화 협정'이라고 하지요. 또 집회나 행진을 하면서 평화롭게 의사를 알리는 것을 '평화 시위'라고 해요.

## 강화 조약 vs 선전 포고
講(익힐 강) 和(화할/화목할 화)
條(조목/가지 조) 約(맺을 약)
宣(베풀 선) 戰(싸움 전)
布(베/펼 포) 告(알릴 고)

전쟁 중이던 국가들이 전쟁을 끝내기 위해 맺는 조약을 **강화 조약**이라고 해요. 그래서 이를 '평화 조약'이라고도 하지요. 이 조약에는 전쟁을 끝내고 영토를 어떻게 나눌지, 배상금은 어떻게 할지 등의 합의 내용이 들어가 있어요. 반면 **선전 포고**는 한 나라가 다른 나라에게 전쟁을 시작한다고 알리는 거예요. 선전 포고에는 전쟁을 시작하는 날짜와 시간이 포함되어 있고, 전쟁의 이유나 요구 사항 등이 담겨 있어요.

## 화해
和(화할/화목할 화) 解(풀 해)

**화해**는 싸우던 것을 멈추고 미워하는 마음을 털어 내는(풀 해, 解) 것이에요. 비슷한말로 '화합'이 있지요. 상대어로는 사이좋게 지내지 못한다는(아니 불/부, 不) 뜻의 '불화'가 있어요.

## 완화
緩(느릴 완) 和(화할/화목할 화)

**완화**는 일이 다급했던 상태가 어느 정도 풀리고 느슨해지는(느릴 완, 緩) 거예요. 비슷한말로 바짝 조였던 것이 풀리는 '이완'이 있지요. 상대어로는 마음을 조이고 정신을 바짝 차리는 '긴장'이 있어요.

## 격전 / 혈전
激(부딪칠 격) 戰(싸움 전) 血(피 혈)

**격전**은 세차게 부딪쳐(부딪칠 격, 激) 싸우는 거예요. 그래서 격렬한 싸움이 일어난 곳을 '격전지' 혹은 '격전장'이라고 하지요. **혈전**은 '피 혈(血)' 자를 써서 목숨을 아끼지 않고 맹렬하게 싸우는 전투를 말해요.

## 전율
戰(싸움 전) 慄(두려워할 률/율)

무서워서 몸이 벌벌 떨린 적이 있나요? 몹시 무섭거나 두려워서(두려워할 률/율, 慄) 몸이 떨리는 것을 **전율**이라고 해요.

# 독도와 샌프란시스코 강화 조약

우리나라 동쪽 끝에 위치한 독도는 삼국 시대 이래로 우리 영토였어요. 〈삼국사기〉에 신라 장군 이사부가 우산국을 정벌해 독도를 신라 땅으로 만들었다는 기록이 있지요. 그 런데 일본은 왜 독도가 자기네 땅이라고 우기는 걸까요? 그건 제2차 세계 대전이 끝난 뒤, 전쟁에서 이긴 연합국이 패전국 일본과 맺은 '샌프란시스코 강화 조약' 때문이에요.

이 조약에는 일본은 한반도에 대한 권리를 포기한다는 내용이 담겨 있는데, 조약을 맺 을 당시 독도가 한국 땅으로 되어 있는 것을 본 일본이 따지자 독도를 일본 땅으로 표시 했거든요. 그때 우리나라는 그 자리에 없었기 때문에 반박할 수도 없었어요. 뒤늦게 이 를 알게 된 우리 정부는 수정을 요구했지만 받아들여지지 않았지요. 그 후 일본은 샌프 란시스코 강화 조약을 들먹이면서 독도는 일본 땅이라고 주장하고 있어요. 하지만 독도 는 엄연한 우리 영토이므로 소중히 여기고 반드시 지켜야 해요.

조선 후기에 어부 안용복은 독도 주변에서 고기를 잡는 일본 어선을 쫓다가 일본으로 잡혀갔어요. 그곳 에서 그는 울릉도와 독도가 조선 땅임을 주장하고 돌아왔지요. 얼마 후, 안용복은 자료를 준비해 일본으 로 다시 건너가 울릉도와 독도가 조선 땅이라는 약속을 받아 냈어요. 당시 일본 정부는 일본 어부들에게 울릉도와 독도에서 고기잡이를 금지한다는 명령까지 내렸답니다.

'독도'에 다른 이름이 있다는 걸 아나요? 독도에 관한 역사책을 보면 여러 개의 다른 이름이 나와요. 독도는 툭 솟아오른 산을 뜻하는 '우산도', 세 개의 봉우리로 이루어졌다고 하여 '삼봉도', 강치가 많이 산다는 뜻으로 '가지도', 섬 자체가 바위(돌 석, 石)로 되어 있어서 '석도' 등으로 불렸지요.

**1** 신문 기사의 빈칸에 들어갈 낱말을 순서대로 짝지은 것을 찾아보세요. (　　)

어린이 신문　　　　　　　　　　　　　　　　○○○○년 ○○월 ○○일

전쟁 중이던 두 나라가 만나서 ㉮ 조약을 맺기로 하였다. 이 조약이 맺어지면 두 나라는 3년 동안 벌여 온 전쟁을 끝내고 ㉯ 를 맞이하게 될 것이다. 두 나라가 ㉰ 를 하면 불안했던 주변 국가까지 긴장이 ㉱ 될 것으로 기대하고 있다.

① ㉮ 화해, ㉯ 평화, ㉰ 강화, ㉱ 완화　　　② ㉮ 강화, ㉯ 평화, ㉰ 화해, ㉱ 완화

③ ㉮ 강화, ㉯ 평화, ㉰ 완화, ㉱ 화해　　　④ ㉮ 평화, ㉯ 강화, ㉰ 화해, ㉱ 완화

**2** 다음 그림을 보고, 초성 힌트를 참고하여 빈칸에 알맞은 낱말을 써 보세요.

전쟁을 시작한다고 알리는 것　　　싸움을 멈추고 미운 마음을 털어 냄.　　　몸이 떨리는 것

ㅅ ㅈ ㅍ ㄱ　　　　ㅎ ㅎ　　　　ㅈ ㅇ

**3** 속뜻짐작 서로 반대 뜻인 낱말로 짝을 지으려고 해요. 빈 카드에 들어갈 낱말을 보기에서 찾아 써 보세요.

예 평화 ⟷ 전쟁　　　　⟷ 패전　　　화목 ⟷

보기　　화합　　불화　　승전　　패배　　전쟁

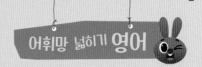 

사람들은 평화로운 세상을 원하지만, 여러 갈등으로 전쟁이 일어나기도 해요.
전쟁이 시작되고 끝나기까지의 과정을 영어 단어와 함께 살펴보아요.

## 1. 전쟁의 원인

영토 분쟁(territorial dispute), 자원 분쟁(resource dispute), 무역 분쟁(trade dispute) 등

## 2. 선전 포고

declaration of war

## 4. 항복과 승리

항복(surrender), 패전국(defeated nation)
승전국(victorious country)

## 3. 교전

전투(battle), 공습(air strike),
적군(enemy troops)

## 5. 종전 선언과 평화 협정

종전 선언(declaration of the end of war)
평화 협정(peace treaty)

3주 l일
학습 끝!

붙임 딱지 붙여요.

QR 찍고 발음 듣기

# 공(公)과 사(私) 비교하기

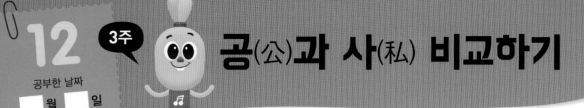

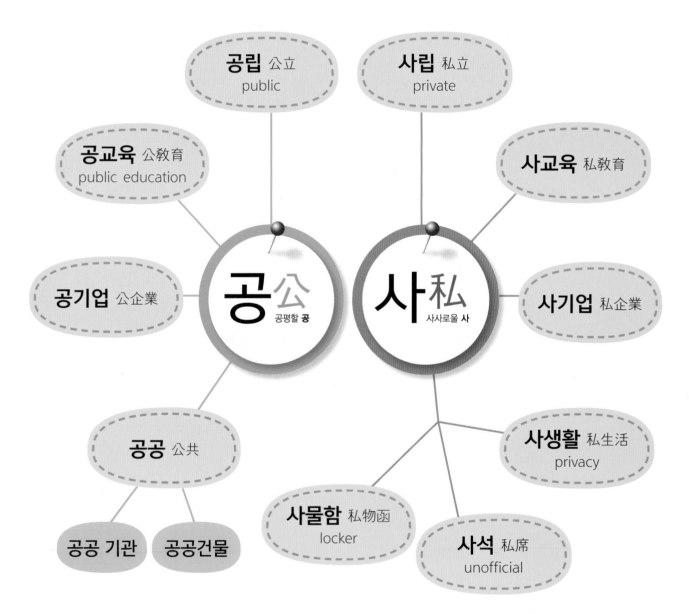

**1** 동물들이 집을 찾고 있어요. 각자의 집에는 동물들이 가진 낱말의 상대어가 쓰여 있지요. 사다리를 타고 가서 누구의 집인지 번호를 쓰고 상대어를 확인해 보세요.

**2** 다음 문장의 빈칸에 알맞은 낱말을 찾아 선으로 이어 보세요.

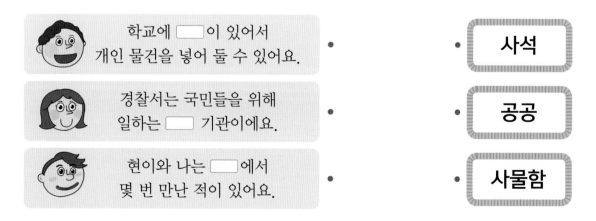

학교에 ☐이 있어서 개인 물건을 넣어 둘 수 있어요. • • **사석**

경찰서는 국민들을 위해 일하는 ☐ 기관이에요. • • **공공**

현이와 나는 ☐에서 몇 번 만난 적이 있어요. • • **사물함**

## 공립 vs 사립
公(공평할 공) 立(설 립/입)
私(사사로울 사)

**공립**은 공공 단체에서 세워 운영하는 것이나 그렇게 운영되는 시설을 뜻해요. 반대로 **사립**은 민간 단체나 개인이 세우고 운영하는 것이나 그런 시설을 일컫지요. '공립 도서관', '사립 도서관', '공립 학교', '사립 학교'와 같이 공공 단체가 운영하느냐, 민간 단체가 운영하느냐에 따라 달리 불려요. 한편 나라(나라 국, 國)에서 세워서 운영하는 것은 '국립'이라고 해요.

## 공교육 vs 사교육
公(공평할 공) 敎(가르칠 교)
育(기를 육) 私(사사로울 사)

공평하게(공평할 공, 公) 가르쳐(가르칠 교, 敎) 기른다는(기를 육, 育) 뜻을 가지고 있는 **공교육**은 국가가 제도적으로 실시하는 교육을 말해요. 초등학교에 다니는 여러분은 모두 공교육을 받고 있지요. 반대로 학교가 아닌 곳에서 받는 교육은 **사교육**이라고 해요.

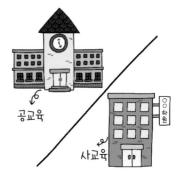
공교육
사교육

## 공기업 vs 사기업
公(공평할 공) 企(꾀할/바랄 기)
業(일 업) 私(사사로울 사)

국가나 지방 자치 단체가 주민 전체의 이익과 생활의 편리를 꾀하기(꾀할/바랄 기, 企) 위해 운영하는 기업을 **공기업**이라고 해요. 반대로 개인이 돈을 투자하여 경영하는 기업은 **사기업**이라고 불러요. 보통 전기, 보건, 철도, 수돗물과 같이 생활에 꼭 필요한 것들은 공기업이 운영해요.

## 공공
公(공평할 공) 共(함께 공)

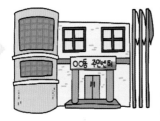

사회의 모든 구성원에게 두루 쓰이거나 함께 얽힌 일을 **공공**이라고 해요. '공공 기관'은 경찰서, 소방서, 우체국처럼 개인이 아닌 사회의 모든 사람들을 위해 일하는 기관이에요. '공공건물'은 보건소나 주민 센터처럼 공공의 목적으로 쓰이는 건물을 가리켜요.

## 사생활 / 사석
私(사사로울 사) 生(날 생)
活(살 활) 席(자리 석)

'사(사사로울 사, 私)' 자는 개인과 관련된 것을 뜻해요. 그래서 **사생활**은 개인의 일상생활을 의미하고, **사석**은 친구를 만나는 것처럼 개인적으로 만나는 자리(자리 석, 席)예요. '사물함'은 군대나 학교 등에서 개인 물건(물건 물, 物)을 넣어 둘 수 있는 함이지요.

가수는 사생활이 없구나.

# 공기업이 필요한 이유

기업에는 공기업과 사기업이 있어요. '사기업'은 개인이 이익을 얻기 위해 만들어 경영하는 기업이에요. 그래서 개인을 뜻하는 '사사로울 사(私)' 자를 붙여 쓰지요. 사기업들이 이익을 내려면 경쟁사와 경쟁을 해야 해요. 그 과정에서 좋은 제품과 서비스를 제공하려고 노력하지요. 그렇다면 수돗물이나 전기, 철도 등과 같이 현재 공기업이 운영하는 것들을 사기업이 운영할 수 있도록 민영화를 하면 더 좋지 않을까요? 여러분들의 생각은 어떤가요?

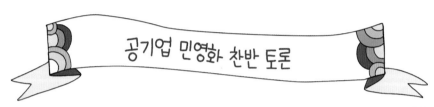

사기업은 이익을 내는 것이 목표이므로 경쟁사보다 더 좋은 상품을 개발하고 고객들에게 더 나은 서비스를 제공하려고 노력하니 품질이 더 좋아질 거예요.

공기업이 운영하는 것들은 대부분 우리 생활에 꼭 필요한 것들이에요. 이런 것들을 사기업이 맡게 되면 이익을 얻는 쪽으로만 운영할 수도 있어요. 그렇게 되면 국민들은 큰 피해를 보게 되지요.

뉴질랜드는 많은 사업을 민영화하여 국가의 돈이 많아졌어요. 또 국민의 소득도 늘어났지요.

볼리비아는 수돗물 사업을 사기업이 맡고 나서 수돗물 가격이 너무 올라 월급의 절반을 물값으로 써야 했어요. 국민들의 생활은 나날이 어려워졌지요.

'민영화'는 공기업에서 하던 사업을 일반인(백성 민, 民)이 맡아 운영하게(경영할 영, 營) 되는(될/변화할 화, 化) 것을 뜻해요. 우리나라에서도 의료 보험이나 철도 사업 민영화 소식으로 들썩들썩했지요. 민영화가 될 경우 사기업의 횡포를 우려하는 목소리가 컸어요.

**1** 다음 대화를 읽고, 각각의 인물들이 어떤 곳에 다니는지 빈칸에 써 보세요.

 | 립 | 학 | 교

 | 기 | 업

**2** 다음 문장을 읽고, 빈칸에 들어갈 낱말을 찾아 선으로 이어 보세요.

우리나라 국민이라면 누구나 학교에서 받는 ☐을 받아야 해요. •

• 공공건물

엄마와 아빠가 제 일기를 보신 건 ☐ 침해가 분명하다고요! •

• 공교육

도서관은 여럿이 함께 이용하는 ☐이므로 공공 예절을 지켜야 해요. •

• 사생활

**3** 속뜻 짐작 설명에 해당하는 낱말을 아래 포스터에서 찾아 ○ 하세요.

① 개인이나 회사가 가지고 있는 땅

② 국가나 공공 단체가 소유하는 땅

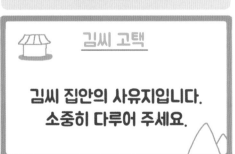

김씨 고택

김씨 집안의 사유지입니다. 소중히 다루어 주세요.

경 고 문

공유지에서 농작물 재배를 절대 금지합니다

개인을 뜻하는 '사(私)' 자와 여럿을 뜻하는 '공(公)' 자가 들어갈 것 같은데……

우리 주변에는 여러 사람이 함께 쓰는 것과 개인이 사용하는 것들이 있어요.
사용하는 사람에 따라 다르게 부르는 것들을 영어로 알아볼까요?

# public land

public land는 '공유지'를 뜻해요. 국가나 지방 자치 단체가 소유하고 관리하는 땅이에요.

# private land

개인이나 회사가 갖고 있는 땅인 '사유지'를 private land라고 해요.

# public transportation

지하철이나 버스는 여러 사람이 사용하는 '대중교통'이에요. 영어로는 public transportation이라고 해요.

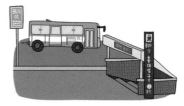

# private jet

부모님이 자동차를 갖고 있는 것처럼 비행기도 개인이 가지고 있을 수 있어요. 이런 '자가용 비행기'를 private jet이라고 해요.

3주 2일 학습 끝! 붙임 딱지 붙여요.

# public library

public library는 시립이나 국립 도서관 같은 '공공 도서관'을 말해요. 이런 공공 도서관은 주민들이 자유롭게 이용할 수 있어요.

# private eye

셜록 홈스 같은 '사설탐정'을 private eye라고 해요. 국가에 속한 형사가 아니라 개인의 능력을 펼쳐 숨겨진 사실을 알아내는 일을 하는 사람이 바로 사설 탐정이에요.

QR 찍고 발음 듣기

# 희(喜)로(怒)애(哀)락(樂)이 들어간 말 비교하기

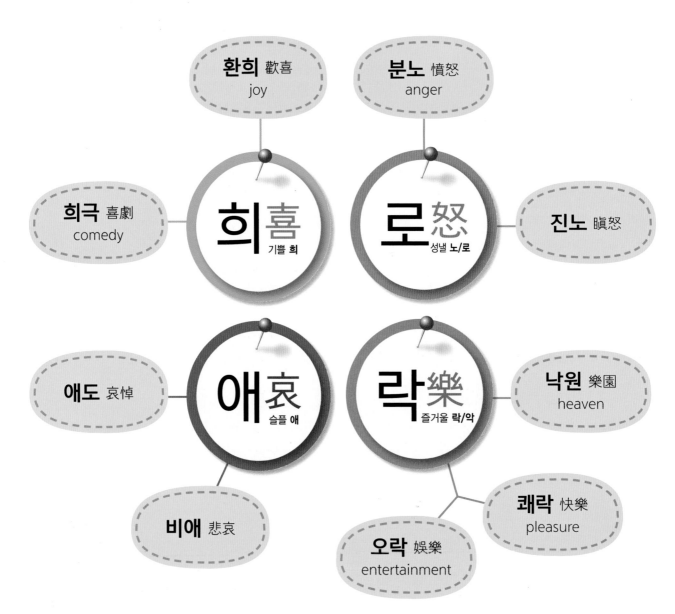

환희 歡喜 joy

분노 憤怒 anger

희극 喜劇 comedy

**희** 喜 기쁠 희

**로** 怒 성낼 노/로

진노 瞋怒

애도 哀悼

**애** 哀 슬플 애

**락** 樂 즐거울 락/악

낙원 樂園 heaven

비애 悲哀

오락 娛樂 entertainment

쾌락 快樂 pleasure

**1** 아래에서 밑줄 친 낱말이 '기쁨'과 관계있으면 빨간색, '슬픔'과 관계있으면 파란색, '화'와 관계있으면 노란색, '즐거움'과 관계있으면 주황색으로 칠해 보세요.

신하의 잘못으로 임금님이 **진노**하였다.

**환희**의 노래가 울려 퍼졌다.

정치인들의 잘못을 보고 **분노**를 느꼈다.

예
준호는 **희극** 배우가 꿈이다.

우리 집은 행복이 넘치는 **낙원**이다.

사람들은 아이를 구하다 죽은 소방관의 죽음을 **애도**하였다.

아이들은 **오락** 시간을 기다렸다.

친구의 배신에 **비애**를 느꼈다.

## 환희 VS 분노
歡(기쁠 환) 喜(기쁠 희)
憤(분할 분) 怒(성낼 노/로)

환희는 매우 기쁘고(기쁠 환 歡, 기쁠 희 喜) 즐거운 거예요. '환희의 함성'처럼 쓰지요. 비슷한말로 기쁨과 즐거움을 뜻하는 '희열'이 있어요. 반면 **분노**는 분하게(분할 분, 憤) 여기고 화(성낼 노/로, 怒)를 내는 거예요. 비슷한말로 분하고 화나는 마음이 북받친다는 뜻을 가진 '격노', '격분'이 있어요.

## 비애 VS 쾌락
悲(슬플 비) 哀(슬플 애)
快(쾌할 쾌) 樂(즐거울 락/악)

비애는 몹시 슬퍼하고(슬플 비 悲, 슬플 애 哀) 서러워하는 거예요. '나라를 잃은 비애'처럼 사용하지요. 반면 쾌락은 유쾌하고(쾌할 쾌, 快) 즐거운(즐거울 락/악, 樂) 거예요. 노래나 게임 같은 것을 하면서 즐겁게(즐거워할 오, 娛) 노는 것은 '오락'이리고 해요.

## 희극
喜(기쁠 희) 劇(심할 극)

희극은 연극 중에서도 관객에게 기쁨과 재미를 주는 극이에요. 같은 말로 '코미디'가 있는데, 코미디언을 '희극인' 또는 '희극 배우'라고 해요. 반대로 슬프고(슬플 비, 悲) 불행한 내용의 연극은 '비극'이라고 하지요.

## 애도
哀(슬플 애) 悼(슬퍼할 도)

**애도**는 사람의 죽음을 슬퍼하고(슬퍼할 도, 悼) 안타까워하는 거예요. '나라를 위해 돌아가신 분들을 애도합니다.'처럼 쓰지요. 비슷한말로 죽은 사람을 생각하며 슬퍼하는 '추도'가 있어요.

## 낙원
樂(즐거울 락/악) 園(동산 원)

낙원은 걱정이나 고통 없이 편안하게 살 수 있는 즐거운(즐거울 락/악, 樂) 곳을 말해요. '樂(락/악)' 자는 낱말의 맨 앞에 오면 '낙'으로 소리 나기도 해요. 이 세상에 있는 즐겁고 편안한 곳은 '지상 낙원'이라고 해요.

## 진노
瞋(부릅뜰 진) 怒(성낼 노/로)

**진노**는 눈을 부릅뜰(부릅뜰 진, 瞋) 만큼 몹시 화(성낼 노/로, 怒)를 내는 거예요. 주로 윗사람이나 지위가 높은 사람이 화를 낼 때 사용하지요. '할아버지의 진노를 사다.', '진노를 풀다.'처럼 쓸 수 있어요.

# 셰익스피어의 비극과 희극

'셰익스피어'라는 영국의 극작가에 대해 들어 본 적이 있나요? 바로 〈로미오와 줄리엣〉이라는 작품을 쓴 사람이지요. 그는 원래 연극배우가 꿈이었지만, 연극 대본인 희곡을 쓰면서 극작가로 이름을 날리기 시작했어요. 그가 쓴 작품들은 사람들의 마음을 단번에 사로잡았고, 그의 명성은 나날이 높아졌지요. 대표적인 작품으로는 4대 비극으로 꼽히는 〈햄릿〉, 〈오셀로〉, 〈리어왕〉, 〈맥베스〉가 있고, 희극으로는 〈말괄량이 길들이기〉, 〈베니스의 상인〉, 〈한여름 밤의 꿈〉, 〈뜻대로 하세요〉 등이 있어요. 그럼 셰익스피어의 비극과 희극 작품의 내용을 살펴볼까요?

| 희극 〈말괄량이 길들이기〉 | 비극 〈햄릿〉 |
|---|---|
|  |  |
| 캐서리나는 성격이 거칠기로 소문난 말괄량이예요. 그런 캐서리나에게 쾌활한 신사 페트루키오가 청혼을 해요. 그 후 페트루키오가 천방지축 캐서리나를 온순한 아내로 만들어 가는 이야기이지요. | 덴마크의 왕은 왕위를 노리는 동생에게 독살을 당해요. 이를 알게 된 왕자 햄릿이 아버지를 독살한 숙부와 숙부 편이 된 어머니에게 복수하는 내용이에요. 아버지의 원수를 갚기 위해 목숨을 거는 햄릿의 대사가 유명해요. |

비극 〈햄릿〉 말풍선: 사느냐 죽느냐, 그것이 문제로다.

'희곡'은 연극을 상연하기 위한 대본이에요. 희곡에는 대사나 행동에 대한 지시가 적혀 있어요. 한편 영화를 제작하기 위한 대본은 '시나리오'라고 해요. '스토리보드'는 보는 사람이 시나리오의 내용을 쉽게 이해할 수 있도록 주요 장면을 그림으로 정리한 계획표를 말하지요.

**1** (       ) 안의 설명에 알맞은 낱말을 찾아 ○ 하세요.

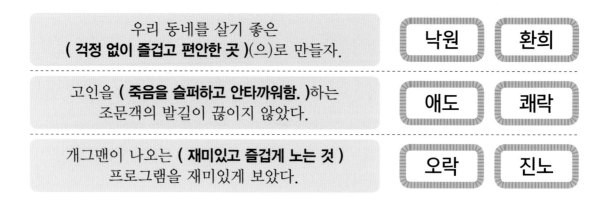

**2** 감정 상태에 어울리는 낱말을 찾아 선으로 이어 보세요.

**3** 속뜻짐작 밑줄 친 낱말의 뜻을 바르게 말한 아이를 찾아 ○ 하세요.

사람의 감정은 다양해요.
감정을 영어로는 어떻게 표현하는지 알아볼까요?

**smile** 웃다
**happy** 행복한
**joy** 기쁨

**angry** 화난
**hate** 미워하다

I'm so angry.

3주 3일
학습 끝!

붙임 딱지 붙여요.

**sad** 슬픈
**sorrow** 슬픔

It's a sad story.

**enjoy** 즐기다
**funny** 재미있는
**merry** 즐거운

Merry Christmas!

QR 찍고 발음 듣기

# 문명(文明) 관련 말 찾기

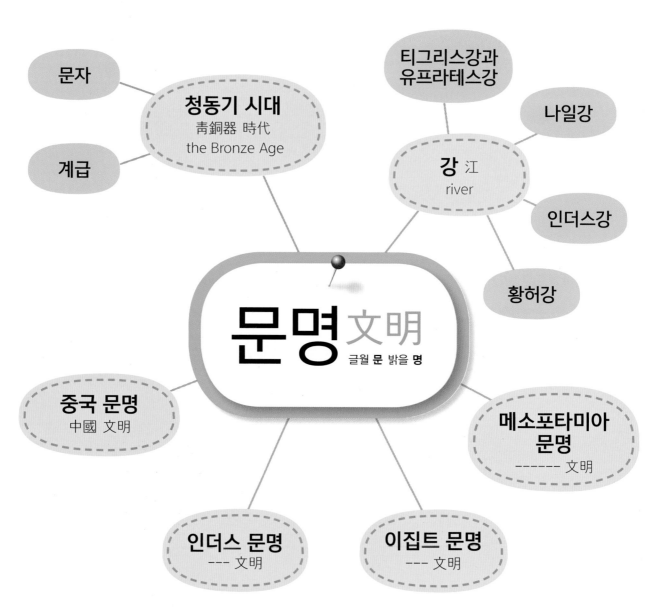

**1** 다음은 세계 4대 문명의 발상지를 표시한 지도예요. 아래 설명을 읽고, 해당하는 문명을 찾아 붓에 묻혀 있는 물감과 같은 색으로 칠해 보세요.

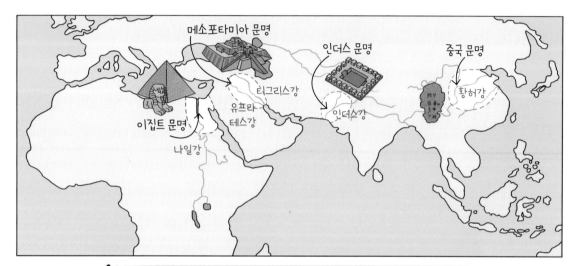

 ① 티그리스강과 유프라테스강 주변에 생긴 문명이에요.
거대한 신전인 지구라트를 세웠어요.

 ② 이집트의 나일강 주변에 생긴 문명이에요.
사각뿔 모양의 피라미드를 만들었어요.

 ③ 인더스강 주변에 생긴 문명이에요.
강 주변의 비옥한 평야 지대에 고대 도시를 건설했어요.

 ④ 중국의 황허강 주변에 생긴 문명이에요.
거북의 배딱지 등에 그림 문자를 기록했어요.

**2** 다음 그림과 연관된 낱말을 찾아 선으로 이어 보세요.

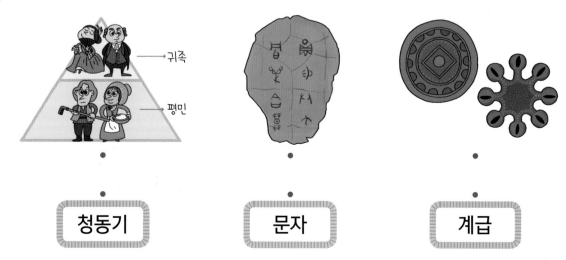

청동기　　　　　문자　　　　　계급

원시 시대의 인류는 먹을 것을 찾아 이리저리 떠돌며 살았어요. 그러다 농사를 짓기 시작하면서 한곳에 모여 살게 되었지요. 이후 기술과 학문, 제도 등이 생기고 발전했는데, 이를 '문명'이라고 해요. 그럼 문명과 관련된 낱말들을 알아볼까요?

## 청동기 시대
青(푸를 청) 銅(구리 동)
器(그릇 기) 時(때 시)
代(대신할 대)

'청동기'는 청동으로 만든 각종 그릇(그릇 기, 器)이나 도구를 말해요. 청동기를 이용해 문명을 발달시킨 시대가 **청동기 시대**이지요. 이 시대에는 농사 기술이 발전하면서 곡물 생산량이 늘었어요. 그러면서 식량을 많이 가진 사람과 적게 가진 사람이 생기나 '계급'을 만들었지요. 즉, 지배자와 지배를 받는 사람이 생긴 서예요. 또 청동기 시대에는 언어를 적는 '문자'를 만들어 사용하기 시작하면서 문명이 더욱 발전했지요.

## 강
江(강 강)

문명이 꽃핀 곳은 모두 큰 **강**을 끼고 있어요. 농사를 지으려면 평평한 땅과 물이 필요한데, 이런 조건을 갖춘 곳이 강 주변이지요. 큰 강의 하류에는 대부분 평야가 펼쳐져 있거든요. 세계 문명이 발생한 곳인 메소포타미아 지역은 '티그리스강'과 '유프라테스강', 이집트는 '나일강', 인도는 '인더스강', 중국은 '황허강'을 끼고 있었답니다.

## 메소포타미아 문명
文(글월 문) 明(밝을 명)

티그리스강과 유프라테스강 사이에는 초승달처럼 생긴 기름진 땅이 있는데, 이곳을 '메소포타미아'라고 불렀어요. 이곳에 살던 수메르인들이 여러 도시 국가를 세우면서 발달한 문명이 바로 **메소포타미아 문명**이에요. 수메르인들은 거대한 신전인 지구라트를 짓고, 바퀴와 돛을 발명했어요. 그리고 쐐기 문자와 달력도 사용했답니다.

▲ 지구라트

▲ 쐐기 문자

## 이집트 문명
文(글월 문) 明(밝을 명)

나일강

이집트의 나일강은 매년 일정한 때에 홍수가 났어요. 이때 상류에서 떠내려온 기름진 흙으로 풍년을 이루었지요. 그래서 이곳에서 문명이 발달하기 시작했는데, 바로 **이집트 문명**이에요. 이집트인들은 사물의 모양을 본떠 만든 상

▲ 피라미드

형 문자를 사용했고, 파피루스라는 식물로 파피루스 종이를 발명했지요. 또 왕의 무덤인 거대한 피라미드를 남겨 놀라운 건축 기술을 자랑했답니다.

## 인더스 문명
文(글월 문) 明(밝을 명)

인더스강

**인더스 문명**은 인더스강 주변의 기름진 평야 지대에서 발달한 문명이에요. 이곳에서는 모헨조다로와 하라파 등의 고대 도시가 있었는데, 벽돌로 도시의 성벽을 튼튼하게 쌓았고, 도시 안에는 말끔하게 포장된 도로가 뻗어 있었어요.

▲ 모헨조다로

또 벽돌로 지은 주택과 공중목욕탕뿐 아니라 상수도 시설도 갖추고 있었지요. 이곳 사람들은 보리와 목화 등을 재배했고, 독특한 상형 문자를 만들어 썼답니다.

## 중국 문명
中(가운데 중) 國(나라 국)
文(글월 문) 明(밝을 명)

황허강

**중국 문명**은 황허강 주변에서 발달한 문명이에요. 기원전 1600년경 황허강을 중심으로 중국 최초의 왕조인 상나라가 세워졌어요. 상나라에서는 나라의 중대사를 점을 쳐서 정했는데, 이때 점을 친 내용을 거북의 배딱지(껍질/갑옷 갑, 甲)나

▲ 황허강

동물 뼈(뼈 골, 骨)에 기록했어요. 이를 '갑골 문자'라고 해요. 또 청동으로 도구와 무기를 제작했고, 다양한 토기를 만들었답니다.

99

**1** 밑줄 친 낱말을 알맞게 말한 친구를 모두 찾아 ○ 하세요.

고고학자가 유물을 연구해서 찬란했던 **문명**을 확인했대.

내가 옛날에 태어났다면 신분이 높은 **청동기**였을 거야.

언어를 적는 **문자**가 문명을 더욱 발전시켰어.

**2** 다음 낱말의 뜻을 바르게 설명한 것을 찾아 선으로 이어 보세요.

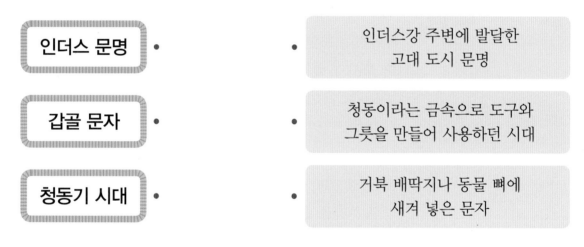

인더스 문명 •

갑골 문자 •

청동기 시대 •

• 인더스강 주변에 발달한 고대 도시 문명

• 청동이라는 금속으로 도구와 그릇을 만들어 사용하던 시대

• 거북 배딱지나 동물 뼈에 새겨 넣은 문자

**3** 속뜻짐작 선생님의 말씀 중 밑줄 친 낱말과 바꾸어 쓸 수 없는 것을 찾아 ✕ 하세요.

백제 사람들은 일본으로 건너가 그곳 사람들에게 발달된 **문명**을 전해 주었어요.

문물

야만

문화

문명의 상대어로 쓰이는 낱말을 찾으면 돼.

글쓰기는 생각이나 마음을 표현하는 좋은 방법이에요.
우리가 쓰는 글이 무엇으로 이루어졌는지 영어로 알아볼까요?

# letter

letter는 '편지'라는 뜻으로 많이 쓰이지만 '글자'나 '문자'를 의미하기도 해요. 예를 들어 'B is the second letter of the alphabet.'은 'B는 알파벳의 둘째 글자이다.'라는 뜻인데, 이때 쓰인 letter가 바로 문자나 글자를 나타내지요.

# word

글을 쓰려면 낱말을 알고 있어야 해요. 낱말들을 정해진 규칙에 따라 연결해 문장을 만들기 때문이지요. '낱말'은 영어로 word예요. 지금 우리가 살펴보고 있는 '영어 단어'는 English word랍니다.

3주 4일
학습 끝!

붙임 딱지 붙여요.

# sentence

'나는 집에 있어.'처럼 전하려는 내용을 글로 표현한 가장 작은 단위를 '문장'이라고 해요. sentence는 문장을 뜻하는 영어 단어예요. '한 문장으로 대답해 주세요.'는 영어로 'Please answer in one sentence.'라고 해요.

# paragraph

paragraph는 '단락' 또는 '문단'을 뜻해요. 문단은 몇 개의 문장이 모여서 하나의 생각이나 감정을 표현한 묶음이에요. sentence가 여러 개 모여서 하나의 paragraph를 이루는 거지요.

QR 찍고 발음 듣기

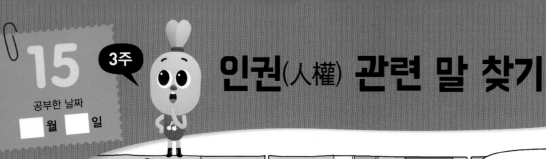

# 인권(人權) 관련 말 찾기

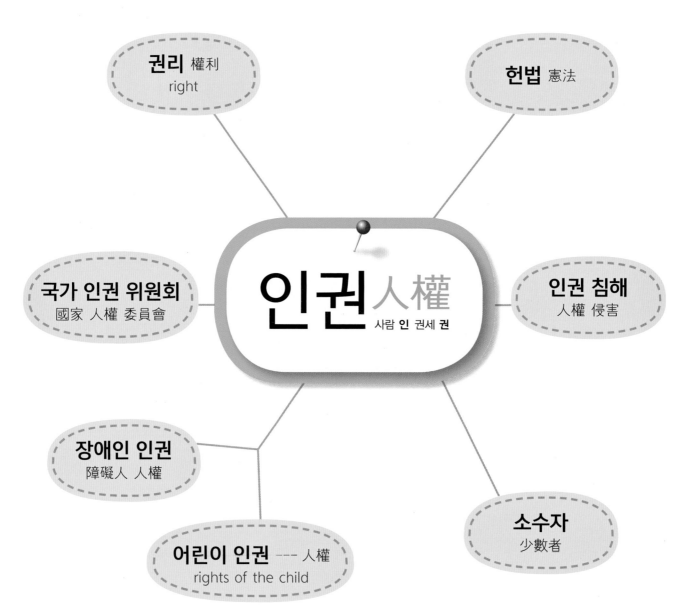

권리 權利
right

헌법 憲法

국가 인권 위원회
國家 人權 委員會

인권 人權
사람 인 권세 권

인권 침해
人權 侵害

장애인 인권
障礙人 人權

어린이 인권 --- 人權
rights of the child

소수자
少數者

**1** 모두가 행복한 세상을 만들기 위해 아이들이 깃발을 들고 거리로 나섰어요. 아이들이 어디에 깃발을 꽂아야 할지 글을 잘 읽고, 알맞은 낱말을 깃발에 써 주세요.

'인권'이란, 사람으로서(사람 인, 人) 당연히 누려야 할 권리(권세 권, 權)를 의미해요. 하지만 여자여서, 아이여서 혹은 장애인이어서 인권을 침해받기도 하지요. 인권과 관련된 낱말을 알아보면서 인권을 지키기 위한 방법을 생각해 보세요.

## 권리
權(권세 권) 利(이로울 리/이)

어떤 일을 자기 생각대로 할 수 있는 힘과 자격을 **권리**라고 해요. 자유롭게 생각하고 행동할 수 있는 권리, 차별을 받지 않을 권리, 종교를 믿을 권리 등 모든 사람에게는 사람으로서 당연히 누려야 할 기본적인 권리가 있어요. 이런 권리는 사람다운 생활을 하기 위해 가장 기본적인 것으로, 헌법에서 징해 권리를 보장하고 있지요.

## 헌법
憲(법 헌) 法(법 법)

**헌법**은 국가를 어떻게 다스릴 것인지, 국민의 권리와 의무는 무엇인지 등을 정해 놓은 법이에요. 국가를 운영하는 데 가장 기본적인 내용이 담겨 있기 때문에 최고의 법이라고 하지요. 그래서 헌법의 내용은 함부로 바꿀 수 없어요. 헌법을 바꾸거나 새로운 내용을 정할 때는 국민 투표를 실시해야 한답니다.

가장 최고의 법이 헌법이야.

우리의 권리가 헌법에 들어 있어.

## 인권 침해
人(사람 인) 權(권세 권)
侵(침노할 침) 害(해칠 해)

'인권'은 사람이라면 누구나 존중받고 행복하게 살기 위해 마땅히 누려야 할 권리예요. 다른 사람이 함부로 빼앗을 수 없지요. 그런데 주변을 돌아보면 인권이 무시되고 지켜지지 못하는 경우가 많아요. 이를 **인권 침해**라고 해요. 인권 침해는 주로 여성이나 어린이, 장애인처럼 힘이 약하거나 스스로를 지키기 어려운 사람들에게 일어나고 있어요.

## 소수자

少(적을 소) 數(셈 수)
者(사람 자)

받아야 할 월급에 반도 안 되잖아요.

주는 것만으로도 고마운 줄 알아.

소수자는 적은(적을 소, 少) 수(셈 수, 數)의 사람(사람 자, 者)이라는 뜻으로, 신체적 혹은 문화적 특징 때문에 차별받는 사람들을 가리켜요. 이들이 소수의 사람이라고 해서 그 수가 반드시 적은 것은 아니에요. 사회에 영향력을 미치는 힘이 적은 소수자는 인권마저 침해당하는 경우가 많아요. 우리 주변의 소수자로는 장애인, 다문화 가족, 외국인 근로자, 북한을 탈출한 새터민 등이 있어요.

## 어린이 인권/ 장애인 인권

障(막을 장) 礙(거리낄 애)
人(사람 인) 權(권세 권)

어린이는 어리고 약하다는 이유로 인권을 침해받는 경우가 많아요. 유엔에서는 **어린이 인권**을 보호하기 위해 '유엔 아동 권리 협약'을 만들었어요. 이 협약은 어린이의 우선적 보호, 학대 방지 등의 내용을 담고 있지요. 또 장애 때문에 일자리를 얻지 못하거나 공공시설을 이용하지 못하는 장애인도 많기 때문에 **장애인 인권**을 보호하기 위해서는 사회적인 노력이 필요해요. 장애인 인권을 보호하기 위한 시설을 알아볼까요?

▲ 시각 장애인이 길을 찾을 수 있게 만든 점자 블록

▲ 휠체어로 계단을 이용할 수 있는 휠체어 리프트

## 국가 인권 위원회

國(나라 국) 家(집 가)
人(사람 인) 權(권세 권)
委(맡길 위) 員(인원 원) 會(모일 회)

인권을 침해당하는 사람들을 위해 국가에서는 어떤 노력을 할까요? **국가 인권 위원회**는 국민들의 인권을 보호하기 위한 일들을 하는 기관이에요. 인권 침해 문제를 신고하면 조사한 후 관련된 기관에 해결하도록 지시를 내리기도 하고, 인권을 위해 필요한 법과 정책 등을 연구하기도 해요. 국민들의 인권 의식 향상을 위해 교육 활동을 하기도 한답니다.

인권상담센터

**1** 문장의 빈칸에 들어갈 낱말을 골라 선으로 이어 보세요.

모든 사람에게는 사람으로서 당연히
누려야 할 권리인 ☐이/가 있어요.　•

국민의 기본적인 권리와 의무를 밝힌
☐은/는 법 중에서도 최고의 법이에요.　•

다문화 가족은 보통의 가족과
다르다는 이유로 차별받는 ☐(이에)예요.　•

•　소수자

•　인권

•　헌법

**2** 각 그림을 살펴보고, 빈칸에 공통으로 들어갈 낱말을 찾아보세요. （　　）

공부를 못한다고 놀리는 것은
☐예요.

키가 작거나 몸이 뚱뚱하다고
따돌리면 ☐예요.

몸이 불편한 친구를 괴롭히는
것은 ☐예요.

① 인권 침해　　② 권리 보호　　③ 인권 보호　　④ 차별 금지

**3** 속뜻짐작 다음 글을 읽고, 빈칸에 알맞은 낱말을 초성 힌트를 참고하여 써 보세요.

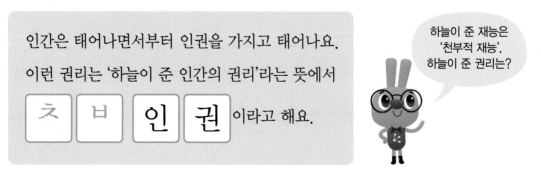

인간은 태어나면서부터 인권을 가지고 태어나요.
이런 권리는 '하늘이 준 인간의 권리'라는 뜻에서

ㅊ ㅂ 인 권 이라고 해요.

하늘이 준 재능은
'천부적 재능'.
하늘이 준 권리는?

우리의 권리가 소중한 만큼 지켜야 할 책임과 의무도 중요해요.
자유, 책임, 권리를 영어로 어떻게 표현하는지 알아볼까요?

# freedom

freedom은 '자유'예요. 자유는 남에게 구속받거나 얽매이지 않고 자기 뜻대로 행동하는 것을 가리키지요. '언론의 자유'는 freedom of speech, '표현의 자유'는 freedom of expression, '종교의 자유'는 freedom of worship이라고 한답니다.

# responsibility

우리는 자유롭게 살 권리가 있지만 반대로 꼭 지켜야 할 책임도 있어요. responsibility는 바로 '책임', 또는 '의무'를 가리키는 말이에요. 우리나라 헌법에 정해 놓은 국민의 4대 의무로 교육, 근로, 납세, 국방의 의무가 있어요.

3주 5일
학습 끝!

붙임 딱지 붙여요.

# right

right은 '권리'를 말해요. 사람으로서 당연히 누려야 할 기본적인 권리인 '인권'은 human right이에요. 그리고 자유로울 수 있는 권리인 '자유권'은 right to freedom이고, 다른 사람과 차별받지 않을 권리인 '평등권'은 equal right이라고 하지요.

QR 찍고 발음 듣기

재미있는
우리말 이야기

**3주**

# 이러지도 저러지도 못하는 '진퇴양난'

진퇴양난? 진퇴양난이 무슨 뜻이지?

진퇴양난?

한마디로, 앞으로 나아갈 수도 없고 물러설 수도 없다는 의미지.

?!

그렇게 말하니 이해가 안 가. 좋은 예가 없을까?

좋은 예?

아!

예전에 어떤 음식점에서 불이 났어. 그래서 주인이 소화기를 찾았는데…….

불이야! 불!!

소화기!!

그런데?

그만 소화기에 불이 붙은 거야. 이런 게 바로 진퇴양난이지.

소화기의 불을 먼저 꺼야 하나? 저 불은 무엇으로 꺼야 하지?

108

**진퇴양난**(나아갈 진 進, 물러날 퇴 退, 두 량/양 兩, 어려울 난/란 難):
이러지도 저러지도 못하는 어려운 처지를 나타내는 고사성어예요.

다른 예도 있어. 전에 우리 아빠가
길에 주차를 한 적이 있었어.

그런데?

볼일을 다 보고 나서,
주차한 차를 빼려고 하는데……

?

앞뒤로 값비싼 차가
떡하니 있지 뭐야!

진짜
진퇴양난이네!

우아, 어쩌면
좋아.

어때? 이제 좀
이해가 되지?

완전, 이해돼!

그나저나 우리…….
이것도 진퇴양난 아닐까?!

?!!

이 녀석들!
학원 수업 빼먹고
어딜 가는 거야?

이 녀석들!

헉! 앞에는 부모님,
뒤에는 학원 선생님!

토잉이와 함께
끝까지 해 보자고!

# PART 3

PART3에서는 소리나 뜻이 비슷해서
헷갈리기 쉬운 낱말들을 비교하며 배워요.

# 인(人), 인(認), 인(引) 비교하기

**1** 밑줄 친 글자에 해당하는 한자를 찾아 선으로 이어 보세요.

| | |
|---|---|
| 국회 의원은 공**인**이므로 행동을 조심해야 한다. • | • 引 (끌 인) |
| | • 人 (사람 인) |
| 나는 태권도 공**인** 3단이다. • | • 認 (알 인) |
| 그 남자는 **인**상이 험악하게 생겼다. • | • 引 (끌 인) |
| | • 人 (사람 인) |
| 갑자기 버스 요금이 **인**상되었다. • | • 認 (알 인) |
| 우리 할머니는 **인**정이 많은 분이시다. • | • 引 (끌 인) |
| | • 人 (사람 인) |
| 철희는 나의 영어 실력을 **인**정하였다. • | • 認 (알 인) |
| 어린이날을 맞아 장난감을 할**인** 행사한다. • | • 引 (끌 인) |
| | • 人 (사람 인) |
| 내일 날씨를 확**인**해 보니 맑음이다. • | • 認 (알 인) |

**2** 다음 그림과 사진을 보고, 빈칸에 들어갈 낱말을 보기 에서 찾아 써 보세요.

보기    공인(公認)    인하(引下)    인력(引力)

만유 ☐ ☐          ☐ ☐ 중개사          가격 ☐ ☐

## 공인 vs 공인
公(공평할 공) 人(사람 인)
公(공평할 공) 認(알 인)

'공평할 공(公)' 자에 '사람 인(人)' 자를 합친 **공인**은 국가나 사회를 위해 일하는 사람을 뜻해요. 요즘은 의미가 넓어져서 유명한 사람이라는 뜻으로 많이 쓰이지요. 반면 '공평할 공(公)' 자에 '알 인(認)' 자가 합쳐진 **공인**은 국가나 단체에서 인정을 했다는 의미예요.

## 인정 vs 인정
人(사람 인) 情(뜻 정)
認(알 인) 定(정할 정)

'인정이 많다.'는 말을 들어 본 적이 있나요? 이때의 **인정**은 사람(사람 인, 人)의 정(뜻 정, 情)을 뜻해요. 사람이 가지고 있는 따뜻한 감정이나 마음이지요. 하지만 '알 인(認)' 자에 '정할 정(定)' 자가 쓰인 **인정**은 확실하게 그렇다고 여기는 것으로 '인정받다'와 같이 써요.

## 인상 vs 인상
人(사람 인) 相(서로 상)
引(끌 인) 上(위 상)

'사람 인(人)' 자에 '서로 상(相)' 자를 쓰는 **인상**은 사람 얼굴의 생김새를 뜻해요. 그래서 '인상을 찡그리다.'와 같이 사용하지요. 반면에 '끌 인(引)' 자에 '위 상(上)' 자를 쓰는 **인상**은 물건값 등을 올리는 것을 말해요. 상대어로 '아래 하(下)' 자를 붙여 가격을 낮춘다는 의미의 '인하'가 있어요. 일정한 값에서 싸게 깎아 주는 것은 '할인'이에요.

## 확인
確(굳을 확) 認(알 인)

틀림없는지를 알아보거나 인정하는 것을 '굳을 확(確)' 자와 '알 인(認)' 자를 써서 **확인**이라고 해요. '숙제를 확인하다.'와 같이 사용하지요. 한편 아직 확인되지 않은(아닐 미, 未) 것은 '미확인'이라고 해요.

## 만유인력
萬(일만 만) 有(있을 유)
引(끌 인) 力(힘 력/역)

'만유'는 우주에 존재하는 모든 것을 뜻해요. 여기에 떨어져 있는 물체끼리 서로 끌어당기는(끌 인, 引) 힘(힘 력/역, 力)인 '인력'이 더해진 **만유인력**은 모든 물체가 서로 끌어당기는 힘을 가리켜요. 비슷한말로 '중력'이 있지요. 한편 사람이 끄는 수레를 '인력거'라고 하는데, 이때 쓰인 '인력'은 사람(사람 인, 人)의 힘을 뜻해요.

# 자석의 숨은 힘

우리 주변의 물체 중에는 놀라운 힘을 숨기고 있는 것들이 있어요. 우리가 살고 있는 지구만 해도 물체를 끌어당기는 힘인 '만유인력'이 있어서 우리가 서서 걸어 다닐 수 있게 하지요. 지구상에는 끌어당기는 힘을 가진 물체가 또 있어요. 바로 자석이에요. 자석은 철을 끌어당기는 성질을 가지고 있어서, 철로 된 물체를 자석에 가까이 가져가면 찰싹 달라붙게 한 다음 놓아주지 않아요. 그런데 자석은 서로 끌어당기는 힘만 있는 것은 아니에요. 자석에 어떤 힘이 있는지 알아보고, 생활 속에서 자석이 어떻게 이용되는지 살펴볼까요?

## 〈자석의 힘〉

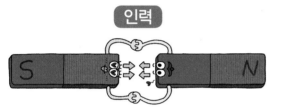

막대자석 2개를 다른 극끼리 가까이 가져가면 어떤 현상이 나타날까요? 다른 극끼리는 서로 끌어당겨서 N극과 S극이 찰싹 달라 붙어요. 이때 서로 끌어당기는(끌 인, 引) 힘(힘 력/역, 力)을 '인력'이라고 해요.

막대자석 2개를 같은 극인 N극과 N극 또는 S극과 S극끼리 가져다 대면 서로 다른 극끼리 대었을 때와는 달리 서로 밀어내요. 이때 서로 밀어내는(물리칠 척, 斥) 힘(힘 력/역, 力)을 '척력'이라고 해요.

## 〈생활 속에서 이용되는 자석〉

**냉장고 문**
문 모서리에 자석이 있어서
냉장고 문이 스르르 닫혀요.

**메모 홀더**
자석으로 철판에 쪽지 등을
쉽게 붙이고 떼어 내요.

**건설 장비**
자석을 이용해 무거운 것을
들어 올려요.

## 속뜻 짐작 능력 테스트

**1** 빈칸에 들어갈 낱말을 바르게 짝지은 것을 찾아보세요. (　　)

① ㉮ 공인, ㉯ 인상, ㉰ 할인
② ㉮ 인상, ㉯ 인하, ㉰ 공인
③ ㉮ 인상, ㉯ 인하, ㉰ 확인
④ ㉮ 확인, ㉯ 인상, ㉰ 공인

**2** 밑줄 친 낱말의 한자를 찾아 선으로 이어 보세요.

**3** 속뜻 짐작 그림을 보고, 밑줄 친 낱말의 뜻을 찾아 선으로 이어 보세요.

116

물건을 살 때 점원이 깎아 주겠다고 하면 정말 기쁘겠지요?
물건을 사고팔 때 쓰는 낱말들을 알아볼까요?

# 바겐세일 bargain sale

할인 행사 기간이 되면 백화점 현수막에 이렇게 써 있어요. '70% 바겐세일'. 이 말은 물건값의 70%를 깎아 준다는 뜻이에요. bargain이 '싸게 사는 물건'을 뜻하거든요. 유행이 지난 상품을 물건값을 깎아 싸게 팔 때는 bargain 또는 sale이라고만 하는 경우가 많아요. bargain price는 '할인 가격'이라는 뜻이에요.

**4주 1일 학습 끝!**
붙임 딱지 붙여요.

# 에누리

'에누리 없는 장사는 없다.'라는 말을 들어 본 적이 있나요? 이때의 '에누리'는 물건을 팔 때 원래의 값보다 높여서 물건값을 매기는 것을 뜻해요. 그러니까 에누리는 물건값에 더해진 금액을 말하지요. '에누리를 붙이다.'라고 하면 장사를 하는 사람이 물건값을 높게 매겨 이익을 남기는 것을 뜻해요. 장사를 하는 사람이 '에누리 없습니다.'라고 하면 '물건값에 보탠 게 없으니 제값대로 받는 것이오.'라는 의미예요.

QR 찍고 발음 듣기

# 장(場), 장(長), 장(章) 비교하기

시장하시죠?

난 이미 시장인데, 그게 무슨 소리인가?

하루 종일 시장을 둘러보시느라 배고프신 게 아닌가 해서요.

아, 그 시장 말이군!

시장 市場 market

시장 市長 mayor

극장 劇場 theater

공장 工場 factory

장수 長壽

도장 道場 studio

태권도장   검도장

훈장 訓長

場 마당 장

長 긴 장

章 글 장

장

도장 圖章 stamp

훈장 勳章 badge

**1** '장' 자가 들어가는 낱말들을 모아 정리했어요. 각 낱말의 뜻을 읽고, '장' 자가 어떤 한자에 해당하는지 찾아 번호를 써 보세요.

> 장
> ① **시장**: 시(市)에서 가장 높은 우두머리
> ② **시장**: 여러 가지 물건을 사고파는 장소
> ③ **도장**: 무예를 가르치거나 연습하는 곳
> ④ **훈장**: 옛날 서당에서 아이들을 가르치던 선생님
> ⑤ **도장**: 나무나 뿔 등에 이름을 새긴 것으로, 인주를 묻혀서 문서 등에 찍는 물건
>
> 장
> ⑥ **극장**: 연극이나 음악, 무용을 공연하거나 영화를 상영하기 위한 건물
> ⑦ **공장**: 원료를 가공해 물건을 만들어 내는 설비가 되어 있는 곳
> ⑧ **훈장**: 큰 공을 세운 사람에게 나라에서 주는 리본이나 배지

| 장(場) | | | | |
|---|---|---|---|---|
| 장(長) | | | | |
| 장(章) | | | | |

**2** 빈칸에 들어갈 낱말은 소리는 같지만 다른 뜻을 지녀요. 사진과 설명을 살펴보고, 알맞은 낱말을 써 보세요.

오늘부터 태권□□에 다니기로 했어.

중요한 서류에는 꼭 인감□□을 찍어야 해.

할아버지께서는 □□을 받은 군인이셨어요.

서당에는 아이들을 가르치는 □□님이 계세요.

## 시장 vs 시장
市(저자 시) 場(마당 장)
市(저자 시) 長(긴 장)

'저자 시(市)' 자에 '마당 장(場)' 자를 쓰는 **시장**은 여러 가지 물건을 사고파는 장소예요. 예전부터 있어(있을 재, 在) 오던(올 래, 來) 시장은 '재래시장'이라고 하지요. '긴 장(長)' 자를 쓰는 **시장**은 시에서 행정을 맡아보는 우두머리를 뜻해요. 구를 이끄는 사람은 '구청장', 동을 이끄는 사람은 '동장'이라고 해요.

## 도장 vs 도장
道(길 도) 場(마당 장)
圖(그림 도) 章(글 장)

'태권도장'은 태권도를, '검도장'은 검도를 배우고 연습하는 장소예요. 이처럼 무예를 가르치거나 연습하는 곳을 '길 도(道)' 자에 '마당 장(場)' 자를 써서 **도장**이라고 해요. '그림 도(圖)' 자와 '글 장(章)' 자가 합쳐진 **도장**은 나무나 뿔 등에 이름을 새긴 것으로, 인주를 묻혀서 문서 등에 찍는 물건이에요. '도장을 찍다.'는 문서에 도장을 찍어서 약속을 했다는 의미이지요.

## 훈장 vs 훈장
訓(가르칠 훈) 長(긴 장)
勳(공 훈) 章(글 장)

'가르칠 훈(訓)' 자에 '긴 장(長)' 자가 합쳐진 **훈장**은 옛날 서당에서 아이들을 가르쳤던 선생님을 일컬어요. 오늘날의 교사와 같은 말이지요. '훈장 앞에서 문서질'이란 속담이 있는데, 저보다 나은 사람 앞에서 잘난 체할 때 사용하는 말이에요. 한편 '공 훈(勳)' 자와 '글 장(章)' 자를 쓰는 **훈장**은 큰 공을 세운 사람에게 주는 리본이나 배지를 말해요.

## 극장 / 공장
劇(심할 극) 場(마당 장)
工(장인 공)

영화를 보려면 극장에 가지요? **극장**은 연극이나 음악, 무용 등을 공연하거나 영화를 상영하기 위한 건물이에요. 극장이 모여 있는 거리(거리 가, 街)를 '극장가'라고 하지요. **공장**은 원료나 재료를 가공하여 물건으로 만들 수 있게 시설을 갖춘 곳이에요. 공장의 일을 총지휘하는 우두머리(긴 장, 長)를 '공장장'이라고 해요.

## 장수
長(긴 장) 壽(목숨 수)

**장수**는 오래(긴 장, 長) 산다(목숨 수, 壽)는 뜻이에요. 고구려의 장수왕은 97세까지 살았어요. 그래서 '장수왕'이라고 부르게 되었지요. 소리가 같은 '장수' 중에는 군사를 거느리는 우두머리인 '장수'도 있고, 물건을 파는 '장수'도 있지요.

# 민족의 시장, 남대문 시장

　서울 남대문 동쪽에 있는 남대문 시장은 우리나라에서 가장 오래된 시장이에요. 조선 초기인 태종 임금 때, 남대문 주변에 가게를 지어 상인들에게 빌려주면서 시장이 생기기 시작했어요. 그러다 임진왜란 직후인 선조 임금 때부터 남대문 시장은 더욱 활기를 띠었어요. 당시 지방에서 바치는 쌀과 공물 등을 맡아 관리했던 선혜청이 남대문 안쪽에 설치되면서 자연스럽게 지방의 특산물이 모여들었고, 더불어 전국의 상인들이 찾아오기 시작했기 때문이에요. 그 후 남대문 시장에서는 각지의 특산물들이 판매되면서 큰 시장으로 자리매김했답니다.

▲ 옛 남대문 시장의 모습

▲ 오늘날, 남대문 시장의 모습

　남대문 시장은 해방 이후에 '서울 남대문 주식회사'로 이름을 바꾸었어요. 그리고 지금은 세계적인 시장으로 성장하고 있지요. 남대문 시장은 하루에 오가는 사람만 40만 명이 넘고, 외국인 관광객도 1만 명이 넘게 찾는 곳이에요. 시장 안에 자리 잡은 상점의 수가 1만 개 이상이고, 그곳에서 판매하는 품목이 무려 1,700여 종이나 되지요. 그리고 시장 안에서 맛있는 먹거리를 파는 먹자골목은 시장의 명물로 꼽힌답니다.

　'도떼기시장'이란 말을 들어 보았나요? '도떼기'는 남대문 시장처럼 사람들이 많이 몰려드는 곳에서 다양한 종류의 물건을 늘어놓고 사고파는 일을 가리켜요. 이런 곳의 분위기는 당연히 복잡하고 어수선할 수밖에 없어요. 그래서 시장이 아니더라도 사람이 많이 몰려 복잡하고 소란스러운 곳을 도떼기시장이라고 하지요.

**1** 밑줄 친 낱말 중에서 '長(긴 장)' 자가 쓰인 것을 모두 찾아 ○ 하세요.

| 오늘 시청에 가서 **시장**과 면담을 했어요. | 삼일절을 맞아 독립운동가들이 **훈장**을 받았어요. | 우리 할머니는 100세까지 **장수** 하셨어요. |
| 엄마와 함께 **시장**에 가서 신발을 샀어요. | 서당에서 **훈장**님께 한자를 배웠어요. | 태권도 대회 때문에 하루 종일 **도장**에서 연습을 했어요. |

**2** ( ) 안에서 설명하는 낱말이 되도록 필요 없는 글자에 X 하세요.

① 자동차를 만드는 ( 원재료를 가공해 물건을 만드는 곳 )에 견학을 왔어요.

| 공 | 매 | 장 | 태 |

② 운동을 꾸준히 하고 잘 먹어야 ( 오래 사는 것 )을/를 할 수 있어요.

| 장 | 훈 | 수 | 강 |

**3** 속뜻짐작 밑줄 친 낱말의 뜻을 찾아 선으로 이어 보세요.

• 넓게 펼쳐져 있는 모래밭

• 회사의 책임자나 우두머리

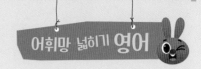

번화가에 가면 다양한 상점들을 볼 수 있어요.
여러 상점들을 영어로 알아볼까요?

## beauty salon

머리카락을 자르거나 파마를 할 때 가는 곳이에요. 남자들이 머리를 다듬을 때 가는 '이발소'는 barber shop이라고 해요.

## nail salon

손발톱을 자르거나 예쁘게 꾸밀 때 가는 곳이에요. nail은 '손톱', '발톱'이라는 뜻이지요.

## shoe shop

'신발 가게'예요.

## bakery

'빵집'의 의미로 가장 많이 쓰는 영어 단어는 bakery예요. 또 bakehouse를 쓰기도 하는데, 이곳은 빵을 직접 만들어 파는 곳이에요.

## gift shop

'선물 가게'예요. 모자, 장난감, 기념품 등 다양한 물건을 팔지요.

4주 2일
학습 끝!

붙임 딱지 붙여요.

## pet shop

반려동물에게 필요한 물건을 파는 곳이에요. '동물병원'은 animal hospital 이라고 해요.

## toy shop

'장난감 가게'예요. '장남감'을 나타내는 toy가 shop에 붙어 만들어졌어요.

## flower shop

'꽃집'이에요.

QR 찍고 발음 듣기

# 소리가 같은 말 구분하기

## 매장
賣(팔 매) 場(마당 장)

우리는 장난감 **매장**에 들렀다.
마을에서 학용품 **매장**이 없어질 예정이란다.

'팔 매(賣)' 자에 '마당 장(場)' 자를 합친 **매장**은 물건을 파는 장소를 뜻해요. 다른 말로 '판매장'이라고도 하지요. 매장 앞에 판매하는 물건의 이름을 더하면 그 물건을 판매하는 곳이 돼요. 예를 들어, 학용품을 판매하는 곳은 '학용품 매장', 자동차를 파는 곳은 '자동차 매장'이라고 하지요.

## 매장
埋(묻을 매) 葬(장사 지낼 장)

우리나라는 **매장**하는 풍습이 있다.
유괴범은 사회에서 **매장**시키자는 여론이 높다.

'묻을 매(埋)' 자에 '장사 지낼 장(葬)' 자를 붙여 쓴 **매장**은 죽은 사람이나 유골을 땅속에 묻는 것을 뜻해요. 비슷한말로 '토장'이 있어요. 토장은 시신을 흙(흙 토, 土) 속에 묻어 장사 지내는 것이지요. 못된 짓을 한 사람을 사회나 어떤 집단에서 활동하지 못하게 할 때도 '매장시키다'와 같이 표현해요.

## 전기
電(번개 전) 氣(기운 기)

요즘 **전기**로 움직이는 자동차가 늘고 있다.
**전기**가 나가자 방이 깜깜해졌다.

'번개 전(電)' 자에 '기운 기(氣)' 자를 쓰는 **전기**는 전자나 이온 알갱이가 움직이면서 만들어 내는 에너지예요. 전기는 우리 생활에 꼭 필요한 거예요. 우리가 가정(집 가, 家)에서 쓰는 청소기, 세탁기, 냉장고 등도 모두 전기(번개 전, 電)를 이용한 제품이지요. 그래서 이런 제품을 '가전제품'이라고 해요. 때로 '전기'는 다리가 저리거나 무엇에 부딪혀서 몸에 찌릿찌릿하게 오는 느낌을 비유적으로 말할 때도 써요.

## 전기
傳(전할 전) 記(기록할 기)

이순신 장군의 **전기**를 읽었다.
위인들의 **전기**를 읽으며 꿈을 키웠다.

'전할 전(傳)' 자에 '기록할 기(記)' 자를 합친 **전기**는 한 사람의 일생 동안에 있었던 일을 기록한 거예요. 비슷한말로는 '일대기'가 있어요. '이순신 장군의 전기를 그린 영화'나 '나는 작가가 되어 이순신 장군의 전기를 쓰고 싶다.'와 같이 쓸 수 있어요. 자신의 생애에 대해 스스로(스스로 자, 自) 쓴(차례/서술할 서, 敍) 전기는 '자서전'이라고 해요.

소리가 같은 말을 잘 들어 봐!

🎵 엄마는 네 아빠가 불러 준 노래에 마음이 동요해서 사랑에 빠졌단다.

정말요?

짝꿍한테 노래를 불러 주었다가 이렇게 됐어요.

무슨 노래를 불렀길래?

헤이 요~ 난 네가 싫어…….

저런, 아름다운 동요를 불렀어야지.

## 동요
### 童(아이 동) 謠(노래 요)

우리는 동요를 신나게 불렀다.
나는 동요에 맞춰 율동을 만들었다.

**동요**는 어린이(아이 동, 童)를 위해 만든 노래(노래 요, 謠)예요. 어린이의 마음이나 생활 모습 등을 주로 표현하지요. '두껍아 두껍아'와 같이 옛날부터 전해 내려오는 동요는 '전래 동요'라고 하고, 오늘날 어린이들이 즐겨 부를 수 있게 독창적으로 지어낸 동요는 '창작 동요'라고 해요.

## 동요
### 動(움직일 동) 搖(흔들 요)

자갈길에 들어서자 차가 심하게 동요했다.
우리 의견에 엄마 마음이 동요하는 것 같았다.

**동요**는 무엇이 움직이거나(움직일 동, 動) 흔들려서(흔들 요, 搖) 불안한 상태를 말하기도 해요. 이때 움직이거나 흔들리는 것은 물체일 수도 있고, 사람의 생각이나 마음이 될 수도 있지요. '지진 때문에 건물이 동요했어요.'처럼 쓰기도 하고, 마음이 흔들릴 때는 '동요하는 마음'이라고 쓰기도 해요. 동요와 비슷한말로 이리저리 흔들린다는 뜻을 가진 '요동'이 있어요.

## 유도
柔(부드러울 유) 道(길 도)

아빠는 유도 선수였다.
진수는 유도를 잘한다.

유도는 두 사람이 상대의 소매나 옷깃을 맞잡고 여러 가지 기술을 써서, 맨손으로 상대를 넘어뜨리거나 몸을 눌러 조르거나 하여 승부를 겨루는 운동을 말해요. 유도 경기를 할 때는 첫 번째로 이름이 불린 선수가 청색 유도복을, 두 번째로 이름이 불린 선수가 흰색 유도복을 입도록 정해져 있어요. '유도복'은 '옷 복(服)' 자를 써서 유도할 때 입는 옷을 뜻해요.

## 유도
誘(꾈 유) 導(인도할 도)

경찰은 차량을 오른쪽으로 유도하였다.
선생님은 다툰 아이들의 대화를 유도하였다.

유도는 사람이나 물건이 어떤 방향으로 가도록(꾈 유, 誘) 이끄는(인도할 도, 導) 것을 뜻하기도 해요. 차를 어떤 쪽으로 이동하도록 이끄는 것을 '차량 유도'라고 하고, 사람의 눈길을 어떤 곳으로 향하게 하는 것을 '시선 유도'라고 하지요. 유도와 비슷한말로 이끌어 지도한다는 뜻을 가진 '인도'가 있고, 흥미를 일으켜서 꾀어 낸다는 뜻을 가진 '유인'이 있어요.

**1** 밑줄 친 낱말의 뜻을 찾아 선으로 이어 보세요.

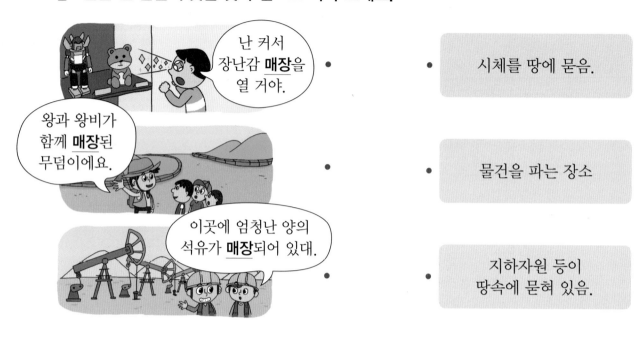

난 커서 장난감 **매장**을 열 거야.

왕과 왕비가 함께 **매장**된 무덤이에요.

이곳에 엄청난 양의 석유가 **매장**되어 있대.

시체를 땅에 묻음.

물건을 파는 장소

지하자원 등이 땅속에 묻혀 있음.

**2** 다음 글을 읽고, 밑줄 친 낱말이 사람의 일생을 기록한 '전기'를 뜻하면 ○, 에너지인 '전기'를 뜻하면 △ 하세요.

집에 **전기**가 나가서 촛불을 켜고 에디슨 **전기**를 읽었다. 나는 에디슨이 **전기**를 발명한 줄 알고 있었는데, 그가 발명한 것은 전구라는 사실을 알았다. 발명왕 에디슨은 대단한 노력가였다. 위인들의 **전기**에는 본받을 점이 많다. 다른 **전기**도 많이 읽어 봐야겠다.

**3** 밑줄 친 낱말이 사진의 '매장'과 같은 뜻으로 쓰인 것을 골라 보세요. (     )

고인돌은 당시의 **매장** 풍습을 알려 주어요.

① 군인은 국립묘지에 **매장**되었어요.

② 자동차 **매장**에 신차가 나왔어요.

③ 집 앞에 상설 할인 **매장**이 생겼어요.

④ 우리 엄마는 옷을 파는 **매장**을 운영하세요.

**4** 헨젤과 그레텔이 집을 찾고 있어요. 어린이를 위한 노래인 '동요'가 쓰인 팻말을 따라가서 아이들이 집에 도착할 수 있게 도와주세요.

4주 3일
학습 끝!

붙임 딱지 붙여요.

**5** 밑줄 친 낱말의 뜻을 찾아 선으로 이어 보세요.

 가이드의 **유도**에 따라 무사히 산을 내려왔어요.  •

•  사람이나 물건이 어떤 방향으로 나아가도록 이끄는 것

 **유도**를 시작했더니 몸이 건강해졌어요.  •

•  맨손으로 상대를 넘어뜨리거나 몸을 눌러 조르거나 하여 승부를 겨루는 운동

## 지그시

엄마는 눈을 **지그시** 감고 계셨다.
동생은 문을 **지그시** 밀었다.

살짝 힘을 주거나 가볍게 누르는 모양을 나타낼 때 **지그시**라고 써요. '그녀가 입술을 지그시 깨물었다.'처럼 사용할 수 있어요. 또 조용히 참고 견디는 모양을 뜻하기도 하는데, 이때는 '그는 다리의 통증을 지그시 참고 있었다.'와 같이 표현하지요. 비슷한말로 '가만히', '살며시'가 있어요.

## 지긋이

옆집 할아버지는 나이가 **지긋해** 보였다.
엄마는 화를 **지긋이** 가라앉혔다.

**지긋이**는 나이가 비교적 많아 듬직하다는 의미가 있어요. '그는 나이가 지긋이 들어 보였다.'와 같이 쓸 수 있어요. 또 '지긋이'는 참을성 있고 끈기 있는 것을 뜻하기도 해요. '아이가 나이답지 않게 지긋이 앉아 있다.'와 같이 쓰지요. 비슷한말로 '꾸준히'가 있어요.

**1** 다음 문장을 잘 읽고, 빈칸에 들어갈 낱말을 보기 에서 찾아 써 보세요.

보기    지긋이    지그시

나무에서 떨어진 낙엽을
[    ] 밟았다.

나이가 [    ] 든
노인이 앉아 있다.

**2** 다음 그림에 어울리는 제목을 지었어요. 알맞는 낱말에 ○ 하세요.

제목: ( 지그시 / 지긋이 ) 바라보는 소녀와 나이가 ( 지긋한 / 지글한 ) 아버지

**3** 속뜻짐작 밑줄 친 '지긋'의 뜻이 다른 것을 찾아 ✕ 하세요.

연세가 **지긋**하신 할머니를 만났어.

나이도 **지긋**한데 힙합을 잘하시더라고.

매일 빵을 먹었더니 이젠 **지긋지긋**해.

## 가름

승부차기로 승패를 **가름**하다.
적군와 아군을 **가름**하다.

**가름**은 '가르다'에서 나온 말로, 어떤 것을 쪼개거나 나누어서 따로따로 되게 하는 거예요. 예를 들어, '가위바위보를 해서 편 가름을 했다.'와 같이 쓸 수 있어요. 또 가름은 승부나 등수를 정하는 일을 뜻하기도 해서, '축구로 승부를 가름하다.'와 같이 쓰지요. 이마에서 정수리까지 머리카락을 양쪽으로 갈랐을 때 생기는 '가르마'도 '가르다'에서 나온 말이랍니다.

## 가늠

나이를 **가늠**하기 힘들다.
바다에서는 별자리로 위치를 **가늠**했다.

**가늠**은 무엇을 어림잡아 헤아리는 거예요. 그래서 '바닷물이 얼마나 깊은지 가늠할 수가 없어.', '차가 밀려서 언제 도착할 지 가늠이 안 돼.'와 같이 쓸 수 있지요. 또 가늠은 어떤 목표나 기준에 맞는지 안 맞는지 헤아려 볼 때도 사용해요. 예를 들면, '옛날 사람들은 별자리를 보고 방향을 가늠했다.'처럼 쓸 수 있지요.

**1** 만화를 읽고, ( ) 안에서 알맞은 낱말을 골라 ○ 하세요.

**2** 속뜻짐작 다음 낱말과 관련 있는 것을 찾아 ○ 하세요.

가 르 마 ➡ 가능 가름

## 받치다

컵을 쟁반에 **받치다**.
그 바지에 **받쳐** 입을 셔츠가 있을까?

**받치다**는 물건이 쓰러지지 않게 밑을 괴는 것으로, '주춧돌로 기둥을 받치다.'처럼 써요. 또 옷을 어울리게 입는 것을 뜻하기도 해서 '바지에 셔츠를 받쳐 입다.'처럼 쓰기도 하고, 우산 등을 펴 든다는 뜻도 있어서 '우산을 받쳐 들다.'처럼 쓰지요.

## 바치다

신에게 제물을 **바치다**.
조국을 위해 목숨을 **바치다**.

**바치다**는 신이나 윗사람에게 무엇을 정중하게 드릴 때 쓰는 말이에요. '부모님께 이 곡을 바치겠습니다.'처럼 쓰지요. 또는 보람 있는 일에 소중한 것을 내어 준다는 의미로도 사용해요. '조국을 위해 목숨을 바친 분들'에서는 두 번째 의미가 되지요.

## 받히다

자전거에 **받히다**.
농부가 소에 **받히다**.

**받히다**는 몸의 한 부분이 무엇인가에 세게 부딪힐 때 쓰는 말이에요. 주로 누가 어떤 대상에게 당할 때 쓰지요. 예를 들면, '달려오는 자전거에 받혀서 크게 다쳤어요.'처럼 쓸 수 있어요.

**1** 만화를 읽고, ( ) 안에 들어갈 말을 아래에서 골라 번호를 써 보세요.

① 바치    ② 받히    ③ 받치

**2** 다음 문장의 빈칸에 알맞은 낱말을 보기 에서 골라 써 보세요.

① 엄마는 유리컵을 쟁반에 [     ] .

② 제우스 신에게 제물을 [     ] .

**보기**

받쳤다  바쳤다  받혔다

**3** 친구가 쓴 그림일기예요. 틀린 글자를 모두 찾아 X 하세요.

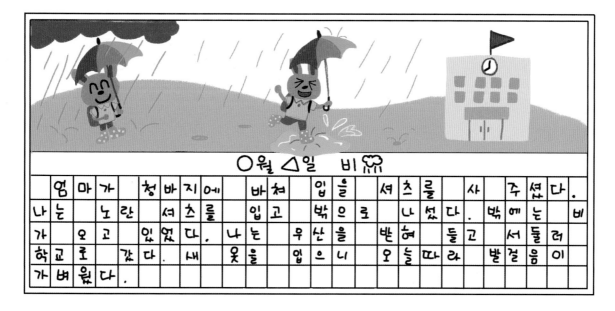

○월 △일  비 ☂

| 엄 | 마 | 가 | | 청 | 바 | 지 | 에 | | 바 | 처 | | 입 | 을 | | 셔 | 츠 | 를 | | 사 | | 주 | 셨 | 다 | . |
| 나 | 는 | | 노 | 란 | | 서 | 츠 | 를 | | 입 | 고 | | 밖 | 으 | 로 | | 나 | 섰 | 다 | . | 밖 | 에 | 는 | | 비 |
| 가 | | 오 | 고 | | 있 | 었 | 다 | . | 나 | 는 | | 우 | 산 | 을 | | 받 | 혀 | | 들 | 고 | 서 | 들 | 러 |
| 학 | 교 | 로 | | 갔 | 다 | . | 내 | | 옷 | 을 | | 업 | 으 | 니 | | 오 | 늘 | 따 | 라 | | 발 | 걸 | 음 | 이 |
| 가 | 벼 | 웠 | 다 | . |

135

# 앞뒤에 붙는 말 알아보기

외아들
only son

독거노인
獨居老人

외골수 -骨髓
single-minded

독무대 獨舞臺

## 외~

## 독獨~
홀로 독

외길
single path

독방 獨房

외따로

독차지 獨--

**1** 마녀가 요정들의 요술 봉을 모두 포크로 바꾸었어요. 요정들이 요술 봉을 찾을 수 있게, 각 설명에 알맞은 낱말을 아래에서 찾아 요정과 같은 색으로 칠해 보세요.

## 외아들
외+아들

'외~'는 낱말 앞에 붙어 '혼자인' 또는 '하나인', '한쪽에 치우친'이라는 뜻을 나타내요. 아들에 '외~'가 붙은 **외아들**은 다른 자식이 없이 단 하나뿐인 아들을 뜻해요. 비슷한말로 '외동아들'과 '독자'가 있어요.

## 외골수
외+骨(뼈 골) 髓(골수 수)

'골수'는 우리 몸의 뼈 속에 있는 물질이에요. 어떤 일에 빠져 골몰하는 사람을 가리켜 '골수'라고도 하지요. 여기에 '외~'를 더한 **외골수**는 한 가지 일만 매달려서 파고드는 사람을 뜻해요. '외골수 학자'처럼 쓰지요.

## 외길
외+길

'길' 자에 '외~'가 붙은 **외길**은 한 군데로만 난 길이에요. '숲속의 외길을 따라 걸었다.'처럼 써요. 또 줄곧 한 가지 일에만 빠져 있는 태도를 뜻하기도 해서, '교육자로 외길 인생을 살았다.'처럼 쓸 수 있어요.

## 외따로
외+따로

'따로'는 무리로부터 떨어져 있는 것을 뜻해요. 여기에 '외~' 자가 붙은 **외따로**는 혼자서 따로 있는 상태를 가리키지요. '외따로 서 있는 소나무'처럼 써요.

## 독거노인
獨(홀로 독) 居(살 거)
老(늙을 로/노) 人(사람 인)

'독(獨)~'은 낱말 앞에 붙어 '홀로'라는 뜻을 나타내요. **독거노인**은 혼자(홀로 독, 獨) 사는(살 거, 居) 것을 뜻하는 '독거'와 '노인'을 붙여 가족 없이 혼자 살아가는 노인을 뜻해요.

## 독무대
獨(홀로 독)+舞(춤출 무) 臺(대 대)

'독(獨)~'과 '무대'를 합친 **독무대**는 배우 한 사람만 나와 연기하는 무대를 가리켜요. 또 여러 사람 중에서 한 사람의 실력이 매우 뛰어나 시선을 독차지하는 경우에 쓰이기도 해요. 장기 자랑에서 뛰어나게 잘한 친구에게 '너의 독무대였어.'라고 하지요.

## 독방
獨(홀로 독)+房(방 방)

'독(獨)~' 자에 '방 방(房)' 자가 합쳐진 **독방**은 홀로 쓰는 방을 뜻해요. '큰 집으로 이사해 독방을 쓰게 되었다.'처럼 쓰지요. 비슷한말로 '독실'이 있어요.

## 독차지
獨(홀로 독)+차지

'차지'는 사물이나 공간, 지위를 자기 몫으로 가지는 것을 뜻해요. 여기에 '독(獨)~' 자가 붙은 **독차지**는 혼자서 모두 차지하는 것을 뜻하지요. 비슷한말로 '독점'이 있어요.

# 우리나라도 고령 사회

조선 시대에 평균 수명이 몇 살이었는지 아나요? 45~55세였어요. 하지만 요즘은 90세가 넘는 어르신들을 흔히 볼 수 있어요. 의학이 발달하고 생활 수준이 높아지면서 수명이 길어졌기 때문이에요. 전체 인구 중에서 65세 이상 인구가 7% 이상이면 '고령화 사회'라고 하고, 14% 이상이면 '고령 사회'라고 해요. 현재 우리나라는 고령화 속도가 세계에서 가장 빠르게 진행되고 있어 고령 사회에 진입했어요.

고령 사회가 되면 많은 문제가 생겨요. 건강과 복지를 책임져 줄 시설이나 사람이 부족해 노인들은 어려움을 겪을 수밖에 없어요. 또 사회나 가족으로부터 소외되는 독거 노인이 늘어날 가능성이 크지요. 따라서 나라에서는 노인을 위한 정책을 세워야 해요. 국민들도 문제의 심각성을 알고 함께 해결하려는 노력이 필요하지요.

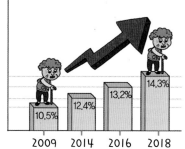

▲ 우리나라 고령 인구 비율

〈고령 사회의 대표적인 노인 문제〉

'고령화'는 '높을 고(高)' 자에 '나이 령/영(齡)' 자와 '될/변화할 화(化)' 자가 합쳐져 '높은 나이가 되어 가는 것'이라는 뜻이에요. 즉, 한 사회에서 노인 인구가 늘어나 전체 인구에서 차지하는 노인 인구의 비율이 높아지는 상태를 나타내지요. 사람들의 수명이 늘어나면서 생긴 낱말이에요.

**1** 그림을 보고, (　　) 안에서 알맞은 낱말을 골라 ○ 하세요.

① 민수는 (외/독)아들이야.

② (외/독)길을 따라가면 연못이 나와.

③ 죄수는 (외/독)방에 갇혔어.

④ 이번에는 내 (외/독)무대가 될 거야.

**2** 친구들이 낱말 퀴즈를 풀고 있어요. 빈칸에 알맞은 글자를 써 보세요.

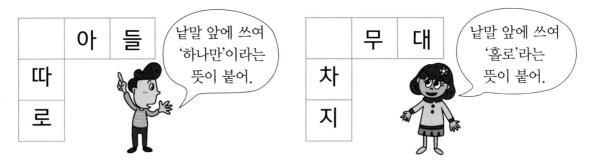

|   | 아 | 들 |
|---|---|---|
| 따 |   |   |
| 로 |   |   |

낱말 앞에 쓰여 '하나만'이라는 뜻이 붙어.

|   | 무 | 대 |
|---|---|---|
| 차 |   |   |
| 지 |   |   |

낱말 앞에 쓰여 '홀로'라는 뜻이 붙어.

**3** 속뜻짐작 밑줄 친 낱말의 뜻으로 알맞은 것을 찾아 선으로 이어 보세요.

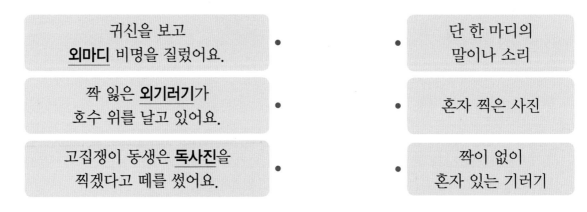

귀신을 보고 **외마디** 비명을 질렀어요. ・

・ 단 한 마디의 말이나 소리

짝 잃은 **외기러기**가 호수 위를 날고 있어요. ・

・ 혼자 찍은 사진

고집쟁이 동생은 **독사진**을 찍겠다고 떼를 썼어요. ・

・ 짝이 없이 혼자 있는 기러기

사람들이 사는 모습이 다양해지면서 요즘은 혼자 사는 사람이 늘고 있어요.
'혼자'나 '하나'라는 의미를 가진 외래어를 알아볼까요?

# 싱글

싱글은 '한 개'의 의미로 쓰이기도 하지만, 결혼하지 않고 혼자서 사는 사람을 일컫기도 해요. 싱글은 영어에서 온 외래어로 single을 그대로 발음한 낱말이에요. '독신, 미혼'과 같은 의미이지요. '나는 아직 싱글이야.'와 같이 혼자라는 것을 표현할 때 많이 사용돼요.

4주 5일
학습 끝!

붙임 딱지 붙여요.

# 싱글 앨범

싱글 앨범은 대중음악 분야에서 새로 만들어진 낱말이에요. 예전에는 가수들이 한 앨범에 여러 곡을 담아 발매했는데, 요즘에는 한두 곡만 앨범에 담아 발매하기도 해요. 이런 앨범을 싱글 앨범이라고 해요.

# 싱글 침대

침대는 크기에 따라 일컫는 말이 달라요. 싱글 침대는 한 사람이 사용하도록 만든 1인용 침대를 가리켜요. 두 사람이 사용하도록 만든 침대는 '더블 침대'라고 하지요. 더블(double)은 '두 개', 혹은 '두 배'라는 뜻이 있어요.

# 밤송이 한 톨 '외톨이'

끼익-끼익-

??

애야, 왜 혼자 있니?

?!

같이 놀던 친구들이 학원 간다고 모두 가 버렸어요.

아······.

갑자기 외톨이가 되었구나!

?

외톨이요? 외톨이가 무슨 말이에요?

!

마늘이나 밤송이를 까 보면 여러 알이 들어 있지?

밤송이

까 볼까?

그런데 간혹 한 톨만 들어 있는 게 있는데, 이것을 '외톨'이라고 해.

왜 너 혼자니?

원래 혼자 자랐어요.

**외톨이**: 다른 짝이 없이 혼자임을 일컫는 낱말이에요.

'외톨'에서 유래된 외톨이는 가족이나 친척이 없어 의지할 곳이 없는 사람을 가리키는 말이지.

외톨이

외톨이는 '외돌토리'를 줄인 말인데, '외톨박이'라고도 한단다.

아하!

그런데 할아버지는 왜 여기에 혼자 계세요?

아, 오늘 단풍 구경을 가기로 했는데…….

아, 무릎이 아프셔서 안 가셨구나?!

아니, 늦잠을 자는 바람에…….

네?!!

어쨌거나, 할아버지도 오늘 외톨이네요.

그래, 우리 둘 다 외톨이 신세구나.

그럼 외톨이끼리 함께 놀아요!

그러자꾸나!

좀 세게 밀어 보세요!

에구구, 너도 내 나이 되어 보렴.

**1주 13쪽** 먼저 확인해 보기

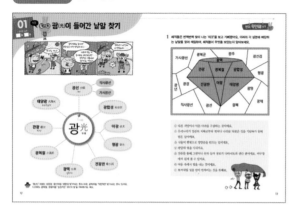

1. 정답은 ① 관광, ② 광복절, ③ 광합성, ④ 태양광, ⑤ 전광판, ⑥ 야광, ⑦ 광택이에요. 해적들은 보석을 보고 기뻐했지요.

**1주 16쪽** 속뜻 짐작 능력 테스트

1. 정답은 ① 형광등, ② 가시광선, ③ 전광판이에요. '형광등'은 유리관 안에 형광 물질을 칠하여 만든 전등이고, '가시광선'은 사람의 눈으로 볼 수 있는 빛을 뜻해요. '전광판'은 전구의 불빛으로 그림이나 글자를 나타낸 판을 가리켜요.
2. 정답은 ① 관광, ② 야광이에요. 다른 지방이나 다른 나라의 경치, 유적 등을 구경하는 것을 '관광'이라고 하고, 깜깜한 밤이나 어둠 속에서 빛을 내는 것을 '야광'이라고 해요.
3. '빛 광(光)' 자가 쓰인 '일광욕'은 햇볕을 쬐는 일을 뜻해요. 일광욕에 들어간 '일' 자는 '해'라는 뜻이 있는 '날 일(日)' 자예요.

**1주 19쪽** 먼저 확인해 보기

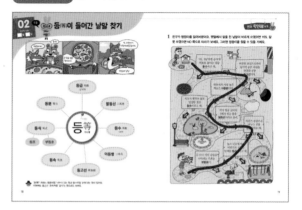

1. '1등, 2등'처럼 순서에 번호를 붙이는 것을 '등수'라고 하고, 군대에서 가장 낮은 계급을 '이등병'이라고 해요. 두 수나 식이 같음을 나타내는 기호는 '등호'예요.

**1주 22쪽** 속뜻 짐작 능력 테스트

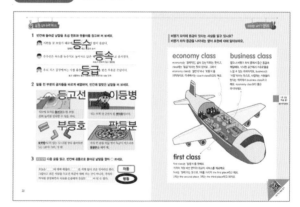

1. 정답은 등수, 등속, 등급이에요.
2. 정답은 등고선, 이등병, 부등호, 팔등분이에요. '등고선'은 바닷물 표면으로부터 높이가 같은 지점을 연결한 선으로 땅의 높낮이를 나타낸 것이고, '이등병'은 군대에서 가장 낮은 계급을 뜻해요. '부등호'는 두 수나 식의 크고 작음을 나타낸 기호이고, '팔등분'은 분량을 열여덟 개로 똑같이 나눈 것을 뜻해요.
3. 정답은 '평등'이에요. '평등'은 의무나 권리 등이 차별 없이 고른 것을 뜻해요. '차등'은 누구에게나 고르지 않고 차별이 있는 것을 뜻해요.

1주 25쪽 먼저 확인해 보기

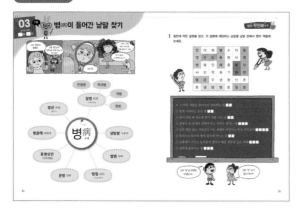

1. 정답은 ① 문병, ② 질병, ③ 병원, ④ 냉방병, ⑤ 동병상련, ⑥ 병균, ⑦ 병충해, ⑧ 전염병이에요.

1주 28쪽 속뜻 짐작 능력 테스트

1. 정답은 병충해, 병원, 문병이에요.
3. '꾀병'은 아프지 않은데 거짓으로 아픈 척하는 것을 뜻해요.

1주 31쪽 먼저 확인해 보기

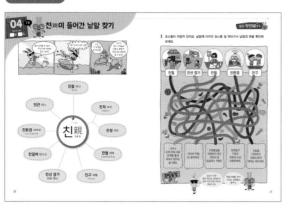

1주 34쪽 속뜻 짐작 능력 테스트

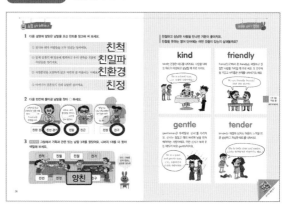

2. 정답은 '친선 경기', '친필', '친구'예요. '친선 경기'는 서로 좋은 관계를 지키고 발전시키기 위해 하는 경기를 일컬어요. '친필'은 자기 자신이 직접 쓴 글씨를 뜻하고, '친구'는 오랫동안 가깝고 친하게 사귄 사람을 뜻해요.
3. 가족을 일컫는 낱말에는 아버지의 일가인 '친가'와 어머니의 일가인 '외가' 사람들을 모두 나타내는 '친척'이 있어요. 또 어머니가 결혼하기 전에 살았던 외가댁을 '친정', 아버지와 어머니를 아울러서 '양친'이라고 해요.

1주 37쪽 먼저 확인해 보기

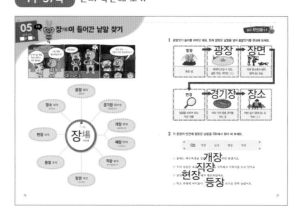

1. 정답은 광장, 장면, 경기장, 장소예요.
2. 정답은 ① 개장, ② 직장, ③ 현장, ④ 등장이에요. '개장'은 스케이트장, 해수욕장 등이 문을 열어 일을 시작하는 것을 뜻하고, '직장'은 회사처럼 돈을 벌려고 일하는 일터를 말해요. '현장'은 어떤 일이 생긴 그 자리를 가리키고, '등장'은 공연이나 경기 등을 하려고 여러 사람들 앞에 나오는 것을 뜻해요.

**1주 40쪽** 속뜻 짐작 능력 테스트

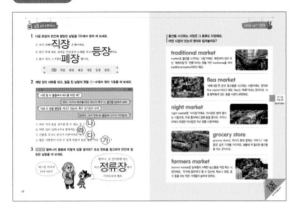

1. 정답은 ① 직장, ② 등장, ③ 폐장이에요. '직장'은 회사처럼 돈을 벌려고 일하는 일터이고, '등장'은 공연이나 경기 등을 하려고 여러 사람들 앞에 나오는 것을 뜻해요. '폐장'은 스케이트장, 해수욕장 등이 영업을 끝내는 거예요.
2. 정답은 ① 나, ② 라, ③ 다, ④ 가예요.
3. 버스나 택시 등을 타기 위해 잠시 머무르는(머무를 정停, 머무를 류/유, 留) 장소(마당 장, 場)를 '정류장'이라고 해요.

**2주 45쪽** 먼저 확인해 보기

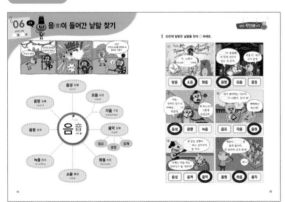

1. 정답은 ① 소음, ② 음향, ③ 음성, ④ 음원, ⑤ 음악, ⑥ 화음이에요. '소음'은 시끄러운 소리를, '음향'은 모든 소리와 울림을 뜻해요. '음성'은 사람의 말소리나 목소리를, '음원'은 녹음된 노래나 연주곡 등을 가리키지요. '음악'은 소리로 이루어진 예술을, '화음'은 높이가 다른 음이 함께 어우러져 나는 소리를 뜻해요.

**2주 48쪽** 속뜻 짐작 능력 테스트

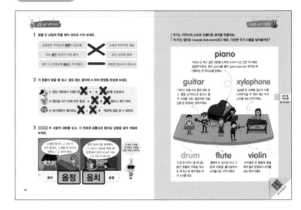

2. 정답은 ① 무, 운, ② 논, 성, ③ 희, 악을 지우면 돼요.
3. '음치'는 노래의 박자나 음의 높낮이를 제대로 맞추지 못하는 사람을 가리켜요.

**2주 51쪽** 먼저 확인해 보기

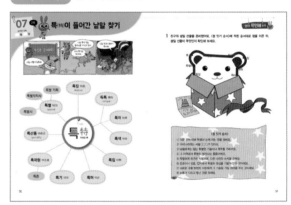

1. 정답은 ① 특징, ② 특별시, ③ 특기, ④ 특산품, ⑤ 특파원, ⑥ 특집, ⑦ 특허, ⑧ 특이예요.

**2주 54쪽** 속뜻 짐작 능력 테스트

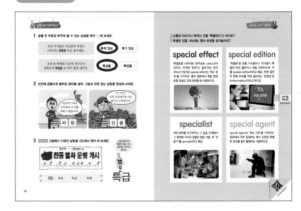

1. '독특'은 다른 것과 비교해서 특별하게 다른 것을 뜻해요. 따라서 보통의 것과 다르거나 특별한 점을 뜻하는 '특색'과 바꾸어 쓸 수 있어요. '특징'은 다른 것과 달리 특별히 눈에 띄는 점을 뜻해요. 따라서 어떤 것에만 있는 특별한 성질인 '특성'과 바꾸어 쓸 수 있어요.

2. '특파원'은 신문사, 방송사 등에서 외국에 보낸 기자를, '특산품'은 어느 지방에서 특별히 나는 것을 뜻해요.

3. '특별할 특(特)' 자가 쓰인 '특급'은 특별한 등급을 뜻해요. 열차에서 특급은 '특별 급행'을 줄인 말이지요. '특별 급행 열차'는 보통의 열차보다 더 빨리 달리는 열차예요.

2주 57쪽 먼저 확인해 보기

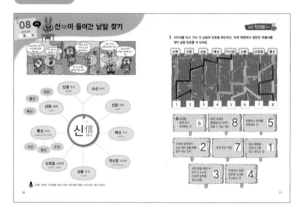

2주 60쪽 속뜻 짐작 능력 테스트

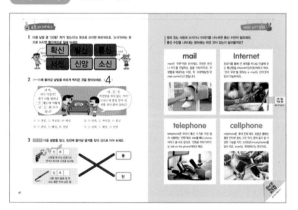

1. '신(信)' 자가 '믿는다'는 뜻으로 쓰인 낱말에는 굳게 믿는 마음을 뜻하는 '확신', 신을 믿는 마음을 뜻하는 '신앙', 평생 스스로 굳게 믿거나 생각해 오던 것을 뜻하는 '소신'이 있어요. 또 '소식'의 뜻으로 쓰인 낱말에는 소식이나 우편, 전신 등을 보내는 '발신', 소식을 전하는 편지인 '서신', 우편이나 전화 등으로 소식을 주고 받는 '통신'이 있어요.

2. '신뢰'는 굳게 믿고 의지하는 것을 뜻하고, '배신'은 믿음을 저버리는 것을 뜻해요. '신념'은 어떤 일을 이룰 수 있다고 굳게 믿는 마음이에요.

3. '신호탄'의 '탄(탄알 탄, 彈)' 자는 탄알, 포탄 등을 이르는 말이고, '신호봉'의 '봉(몽둥이 봉, 棒)' 자는 둥근 막대를 뜻해요.

2주 63쪽 먼저 확인해 보기

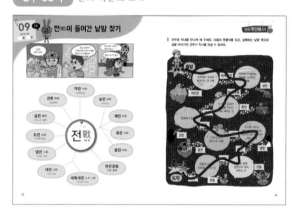

2주 66쪽 속뜻 짐작 능력 테스트

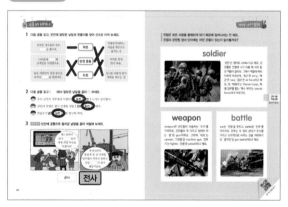

2. 정답은 위에서부터 승전, 휴전, 실전이에요. '승전'은 전쟁에서 이긴 것을 뜻하고, '휴전'은 전쟁을 하다가 협정을 맺고 잠시 쉬는 것을 말해요. '실전'은 실제로 하는 경기나 싸움을 뜻해요.

3. '싸움 전(戰)' 자에 '선비 사(士)' 자가 쓰인 '전사'는 전쟁을 하는 군사나 제일선에서 일하는 사람들을 뜻해요. 그래서 우리나라 대표 선수들을 '태극 전사'라고 하고, 산업 현장에서 일하는 사람들을 '산업 전사'라고 하지요.

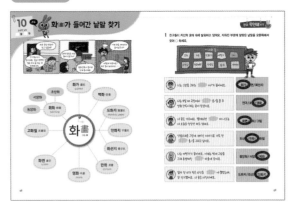

**2주 69쪽** 먼저 확인해 보기

1. 정답은 '화가', '영화', '화면', '만화', '벽화', '인화지'예요.

**2주 72쪽** 속뜻 짐작 능력 테스트

2. '만화 영화'는 만화를 연속적으로 촬영하여 실제 움직이는 것처럼 만든 영화를 뜻해요.
3. '삽화'는 책이나 잡지 등에서 내용을 보충하거나 이해를 돕기 위해 넣은(꽂을 삽, 揷) 그림(그림 화, 畵)'이에요.

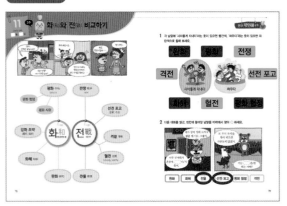

**3주 79쪽** 먼저 확인해 보기

1. '화(和)' 자는 '화목하다' 혹은 '사이좋은 상태가 되다'라는 뜻을 가졌어요. 따라서 '화' 자가 들어간 낱말은 빨간색으로 칠해요. '전(戰)' 자는 '싸우다' 혹은 '전쟁하다'의 뜻을 가졌어요. 따라서 '전' 자가 들어간 낱말은 파란색으로 칠해요.

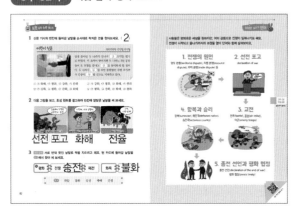

**3주 82쪽** 속뜻 짐작 능력 테스트

1. '강화 조약'은 전쟁 중이던 국가들이 전쟁을 끝내기 위해 맺는 조약을 뜻해요. '평화'는 다툼이나 갈등 없이 평온한 상태이며, '화해'는 싸우던 것을 멈추고 미워하는 마음을 털어 내는 것이에요. '완화'는 불안하거나 급한 상태가 좀 풀리는 것을 뜻해요.
3. 싸움에서 지는 것을 뜻하는 '패전'의 상대어는 싸움에서 이기는 것을 뜻하는 '승전'이에요. 서로 정다운 상태를 뜻하는 '화목'의 상대어는 서로 사이가 좋지 않음을 뜻하는 '불화'예요.

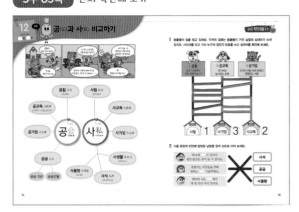

**3주 85쪽** 먼저 확인해 보기

2. '사석'은 개인적으로 만나는 자리이고, '공공'은 한 사회의 모든 구성원에게 두루 쓰이거나 함께 얽힌 일이에요. '사물함'은 개인 물건을 넣어 두는 함이지요.

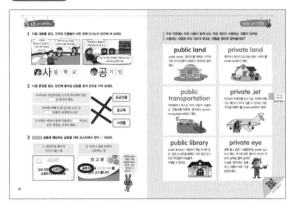

1. 민간 단체나 개인이 세워 운영하는 학교는 '사립 학교'
   이고, 국가나 지방 자치 단계가 운영하는 기업은 '공기
   업'이에요.
2. '공공건물'은 보건소, 주민 센터처럼 여러 사람이 함께
   쓰는 건물이고, '공교육'은 국가가 실시하는 교육이에
   요. '사생활'은 개인의 일상생활을 가리켜요.
3. 정답은 ① 사유지, ② 공유지예요. '사사로울 사(私)'
   자가 쓰인 '사유지'는 개인이나 회사가 가지고 있는
   땅이고, '공평할 공(公)' 자가 쓰인 '공유지'는 국가나
   공공 단체가 소유한 땅이에요.

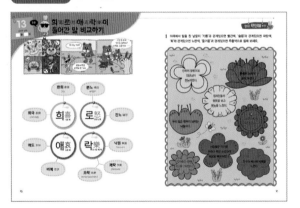

1. '희(喜)' 자는 '기쁘다'라는 뜻을 가진 한자로 '환희'는
   큰 기쁨을, '희극'은 기쁨과 재미를 주는 극을 뜻해요.
   '애(哀)' 자는 '슬프다'라는 뜻을 가진 한자로 '애도'는
   죽은 사람을 생각하며 슬퍼하는 것을, '비애'는 슬퍼하
   는 마음을 뜻해요. '노/로(怒)' 자는 '화내다'라는 뜻을
   가진 한자로 '분노'와 '진노'는 몹시 화를 내는 것을 뜻
   해요. '락/악(樂)' 자는 '즐거워하다'라는 뜻을 가진 한
   자로 '낙원'은 즐거운 곳을, '오락'은 즐겁게 노는 것을

뜻하지요.

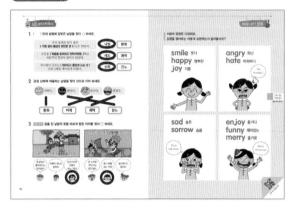

2. '환희'는 아주 기쁜 것, '비애'는 슬프고 서러운 마음,
   '쾌락'은 몸과 마음이 즐거운 것, '분노'는 분하게 여겨
   몹시 화를 내는 것을 뜻해요.
3. '애걸복걸'은 '슬플 애(哀)' 자가 쓰여 애처롭게 하소연
   하면서 비는 것이고, '노발대발'은 '성낼 노/로(怒)' 자
   가 쓰여 화가 몹시 나서 길길이 날뛰는 것을 뜻해요.

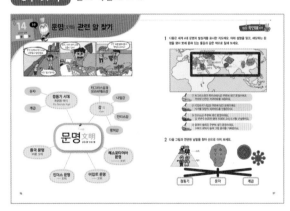

1. 정답은 ① 메소포타미아 문명, ② 이집트 문명, ③ 인
   더스 문명, ④ 중국 문명이에요.
2. '청동기'는 청동으로 만든 도구를 통틀어 이르는 말이
   에요. 청동 거울이나 청동 구슬 등 주로 제사용 도구
   로 쓰였지요. '문자'는 사람의 말을 적는 데 사용하는
   기호예요. 먼 옛날 중국에서는 거북의 배딱지 등에 문
   자를 기록했는데, 이를 '갑골 문자'라고 해요. '계급'은
   지위나 신분이 높고 낮은 등급을 뜻해요.

**3주 100쪽** 속뜻 짐작 능력 테스트

1. '문명'은 원시 시대와 달리 기술, 예술, 학문 등이 생기고 발전하는 것을 뜻해요. '청동기'는 구리와 주석을 섞은 금속인 청동으로 만든 도구를 뜻하고, '문자'는 언어를 적는 기호예요.

3. '문명'은 인류가 이루어 온 언어, 종교, 예술, 기술 등을 뜻해요. 한 사회의 언어, 풍습, 종교, 예술 등을 통틀어 이르는 '문화'나 '문물'과 바꾸어 쓸 수 있지요. '야만'은 문화의 수준이 낮은 상태를 뜻하는 낱말로, 문명과 바꾸어 쓸 수 없어요.

**3주 103쪽** 먼저 확인해 보기

1. 정답은 ① 헌법, ② 인권 침해, ③ 장애인 인권, ④ 권리, ⑤ 국가 인권 위원회예요

**3주 106쪽** 속뜻 짐작 능력 테스트

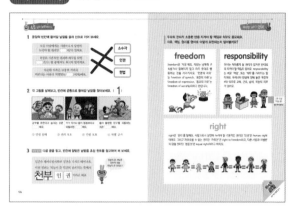

2. 신체적 특징이나 장애, 성별, 인종 등을 이유로 부당하게 대우받거나 차별받는 것을 '인권 침해'라고 해요.

3. 사람이 태어날 때부터 가지고 태어나는 인권은 하늘(하늘 천, 天)이 내려 준 권리라고 해서 '천부 인권'이라고 해요.

**4주 113쪽** 먼저 확인해 보기

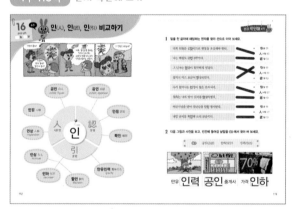

2. '인력'은 떨어져 있는 물체끼리 서로 끌어당기는(끌인, 引) 힘이고, '만유인력'은 모든 물체가 끌어당기는 힘을 뜻해요. '공인'은 국가나 단체에서 인정한(알 인, 認) 자격을 뜻하는 낱말로, '공인 중개사'는 건물이나 토지 등을 사고파는 일을 전문으로 처리해 줄 수 있는 자격을 갖춘 사람이에요. '인하'는 가격을 낮춘다는 뜻이에요.

3. '인도'로 소리 나는 낱말 중에는 사람(사람 인, 人)이 다니는 길인 '인도'와 가르쳐 이끄는(끌 인, 引) '인도', 물건을 가져와(끌 인, 引) 넘겨 주는 '인도'가 있어요.

4주 119쪽 먼저 확인해 보기

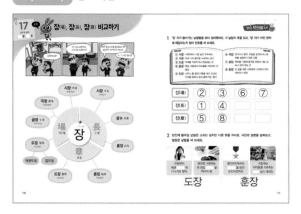

4주 122쪽 속뜻 짐작 능력 테스트

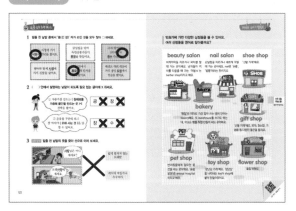

1. 시에서 행정을 맡아보는 우두머리를 뜻하는 '시장'과 옛날 서당에서 아이들을 가르치던 선생님을 일컫는 '훈장', 오래 사는 것을 뜻하는 '장수'는 '긴 장(長)' 자가 쓰인 낱말이에요.

3. '사장'은 소리는 같지만, 다른 뜻을 가진 동음이의어예요. '모일 사(社)' 자와 '긴 장(長)' 자를 쓰는 '사장'은 회사의 책임자나 우두머리를, '모래 사(沙)' 자와 '마당 장(場)' 자를 쓰는 '사장'은 넓게 펼쳐진 모래밭을 뜻해요.

4주 128쪽 속뜻 짐작 능력 테스트

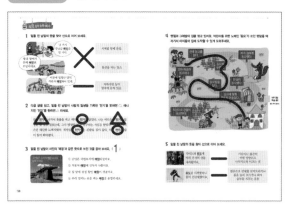

2. '전기(傳記)'는 한 사람의 일생 동안에 있었던 일을 기록한 것이고, '전기(電氣)'는 전자 또는 이온들의 움직임에 의해 생기는 에너지를 뜻해요.

3. 정답은 ①이에요. '매장 풍습'은 시신을 땅에 묻는 풍습으로, 이때 쓰인 '매장(埋葬)'은 시신을 땅에 묻는 것을 뜻하지요. ②, ③, ④에서 쓰인 '매장(賣場)'은 상품을 진열해 놓고 파는 장소를 뜻해요.

4. '아이 동(童)' 자와 '노래 요(謠)' 자를 쓰는 '동요'는 어린이를 위한 노래를, '움직일 동(動)' 자에 '흔들 요(搖)' 자를 쓰는 '동요'는 움직이거나 흔들리는 상태를 뜻해요.

4주 131쪽 속뜻 짐작 능력 테스트

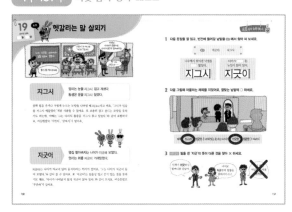

1. '지그시'는 살짝 힘을 주거나 가볍게 누르는 모양을 나타내요. '지긋이'는 나이가 비교적 많아 듬직하다는 의미예요.
2. 정답은 '지그시'와 '지긋한'이에요.
3. '지긋이'는 나이가 비교적 많아 듬직하다는 뜻이고, '지긋지긋하다'는 진저리가 나도록 몹시 괴롭고 싫다는 뜻이에요.

**4주 133쪽** 속뜻 짐작 능력 테스트

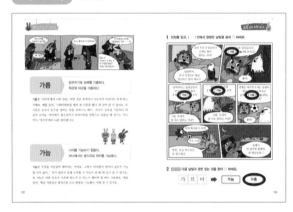

1. 정답은 순서대로 가름, 가늠, 가늠, 가름이에요. '가름'은 어떤 것을 쪼개거나 나누는 것을 뜻하고, '가늠'은 일이 되어가는 상황이나 형편이 어떤지 짐작하는 것을 뜻해요.
2. '가르마'는 이마에서 정수리까지 머리카락을 양쪽으로 갈라놓은 선을 뜻하는 낱말로, 어떤 것을 쪼개거나 나누는 것을 뜻하는 '가름'과 관계가 있어요.

**4주 135쪽** 속뜻 짐작 능력 테스트

1. 말을 승자에게 주는 행동에서는 무엇을 윗사람에게 정중하게 줄 때 사용하는 낱말인 '바치다'를 써야 해요. 말에게 세게 부딪힐 때는 '받히다'를 써야 하지요.

2. '받치다'는 어떤 것을 다른 것 위에 올려놓는 것을 뜻해요. 따라서 유리컵을 쟁반에 댈 때는 '받치다'를 써요. 신에게 제물을 줄 때는 '바치다'를 써야 해요.
3. 1줄은 '엄마가 청바지에 받쳐 입을 셔츠를 사 주셨다.'로, 3줄은 '나는 우산을 받쳐 들고 서둘러 학교로 갔다.'와 같이 써야 해요.

**4주 137쪽** 속뜻 짐작 능력 테스트

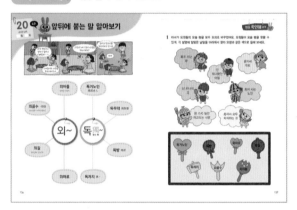

**4주 140쪽** 속뜻 짐작 능력 테스트

1. 정답은 ① 외, ② 외, ③ 독, ④ 독이에요. '외아들'은 단 하나뿐인 아들이고, '외길'은 단 하나의 길을 뜻하지요. '독방'은 홀로 쓰는 방을, '독무대'는 배우 한 사람만 나와 연기하거나 독차지하는 무대를 뜻해요.
2. '외~'는 낱말 앞에 붙어 '혼자인' 또는 '하나인'의 뜻을 나타내요. 그래서 '외아들', '외따로'와 같이 쓰지요. '독(獨)~'은 낱말의 앞에 붙어 '홀로'라는 뜻을 나타내요. '독무대', '독차지'와 같이 쓰지요.